FREI WILTER MALVEIRA, OFMCap

# A EVANGELIZAÇÃO NAS REDES SOCIAIS

CONEXÃO, PROXIMIDADE E ENCONTRO

ANGELVS
EDITORA

**Dados Internacionais de Catalogação na Publicação (CIP)**
**(Câmara Brasileira do Livro, SP, Brasil)**

Malveira, Wilter
A evangelização nas redes sociais : conexão, proximidade e encontro / Wilter Malveira. -- 1. ed. -- São Paulo : Angelus Editora, 2024.

Bibliografia.
ISBN 978-65-89083-59-7

1. Cristianismo 2. Evangelização 3. Palavra de Deus 4. Redes sociais - Aspectos religiosos - Cristianismo I. Título.

24-237172 CDD-269.2

**Índices para catálogo sistemático:**

1. Evangelização : Redes sociais : Cristianismo 269.2

Aline Graziele Benitez - Bibliotecária - CRB-1/3129

A EVANGELIZAÇÃO NAS REDES SOCIAIS
Conexão, proximidade e encontro


1ª EDIÇÃO

**Direção Editorial:**
Maristela Ciarrocchi

**Preparação:**
Bruno Maciel Onofrio

**Revisão:**
Ariane dos Santos Neves Monteiro

**Capa:**
Luis Victor Melo da Silva e Priscila Venecian

**Projeto Gráfico e Diagramação:**
Priscila Venecian

ISBN: 978-65-89083-59-7

FREI WILTER MALVEIRA, OFMCap

# A EVANGELIZAÇÃO NAS REDES SOCIAIS

CONEXÃO, PROXIMIDADE E ENCONTRO

ANGELVS
EDITORA

# PREFÁCIO

"A Evangelização nas Redes Sociais" é um daqueles livros que a gratidão pelo convite de prefaciá-lo se reveste de alegria, pois significa lançar nas mãos dos leitores uma excelente reflexão sobre a evangelização, utilizando-se daquilo que a tecnologia atual nos oferece de melhor: os meios digitais. O Frei Wilter Malveira consagra-se como escritor fecundo, não tanto por publicar mais um livro, mas por trazer um conteúdo significativo da atualidade, usando uma nova metodologia de exposição que demonstra a sua evolução acadêmica a partir dos seus recentes estudos na Pontifícia Universidade Lateranense de Roma. No livro, ele estabelece objetivos bem claros, capazes de entrelaçar a missão evangelizadora da Igreja com o aparato dos novos meios digitais e os interesses dos leitores atuais impactados com tanto desenvolvimento tecnológico.

O subtítulo e tema principal do livro "Conexão, proximidade e encontro", nos leva a filosofar sobre a essência do ato evangelizador como algo que passa pelos feitos do comunicador expressos nos verbos evangelizar e comunicar. A palavra "conexão" deriva do latim *connexio, onis,* significando ligação. "Proximidade e encontro" não deixam de ser estágios do único processo que visa conectar polos distintos. Assim, a verdadeira comunicação acontece criando uma teia de relações intersubjetivas ao ponto de atender, para além do ato da fala, àquilo que define a fundamental ânsia do ser humano, isto é, a sua busca de complementação existencial. É pela capacidade de se relacionar que a pessoa humana se lança na tentativa de alcançar o que falta à sua completude.

Como é próprio do indivíduo racional experimentar o anseio de ir além de si mesmo, essa realidade expressa o sentido do termo "desejo", do latim *desiderium, desiderare*, que significa "esperar por desejar, ter expectativa, exigir". O significado original de "desejo" visa "esperar pelo que as estrelas trarão", porque *de-sideribus*, vem de *de* (relação), mais *sidere, sidus, sideris* (estrela). Ou seja, a capacidade que o ser humano tem de se relacionar com um "outro" já o demonstra como um ser ereto, aquele que olha para o alto, para os astros, estrelas, não para seguir aéreo, mas para manifestar a sua consciência de que permanecer somente no âmbito terreno e presente lhe faz definhar. Mas ele sabe, sobretudo, pelo impulso do *desiderium*, desejo, que para alcançar a estatura do seu mais autêntico ser, necessita de um impulso para a transcendência.

No âmbito comunicativo podemos recordar aquele que é considerado um dos maiores comunicadores da televisão brasileira, o Chacrinha, que já dizia: "quem não se comunica, se trumbica". Ora, como o verbo "trumbicar" tem o significado popular de "não se dar bem; ser malsucedido, fracassar", Chacrinha o utilizando para a comunicação, fornece uma advertência sobre os cuidados exigidos na abertura humana. Certamente, isso também nos ajuda a entender a mensagem do nosso autor, que nos faz perceber que a Igreja, na sua missão evangelizadora atual, não pode esquecer-se da prudente utilização dos meios digitais para não "trumbicar", seja na evangelização ou nas relações sócio-digitais. Pelo contrário, deve preencher de "carne" e de presença através da virtualidade que as novas tecnologias oferecem.

Quem continua enviando em missão é o próprio Ressuscitado, que disse: "Ide por todo o mundo e anunciai o Evangelho a toda criatura" (Mc 16,15). Ele mesmo, Verbo que se fez carne (cf. Jo 1,14), ressuscitando, encarnou a missão do Reino, histórica e até geograficamente, como vemos nos Evangelhos: "Ide depressa, e dizei aos discípulos que ressurgiu dos mortos; e eis que vai adiante de vós para a Galileia; ali o vereis. Eis que vo-lo tenho dito" (Mt 28,5-7). Por isso, o nosso autor, utilizando-se dos termos "conexão, proximidade e encontro", quis conduzir o leitor a um percurso de formação por meio do Magistério mais recente da Igreja, sobretudo o do Papa Francisco, e da Ciência da Comunicação, para que se evangelize nas redes sociais, espaço virtual, em que os influenciadores e os influenciados possam dialogar e construir uma convivência que emerja do virtual e vá ao mundo concreto.

Em síntese, este livro nos conduz a entender que a missão nas mídias sociais terá uma eficácia mais significativa se as relações, mesmo que virtuais, se tocarem como realidades que podem se presentificar fecundando a história, “presença plena” (Papa Francisco), com o brilho e o realismo do testemunho cristão!

Ao escritor, auguro sucesso! Aos leitores, excelente leitura!

**Frei Roberildo Sousa Araújo, OFMCap**

**Ministro Provincial dos Frades Capuchinhos do Ceará e Piauí**

# Sumário

# INTRODUÇÃO

O Papa Paulo VI disse em *Evangelili Nuntiandi* que: "Evangelizar, de fato, é a graça e a vocação própria da Igreja, sua identidade mais profunda. Existe para evangelizar."[1] Desde o nascimento da Igreja no Pentecostes e ao longo dos séculos, até à primeira impressão da Bíblia, até à chegada da Internet, a Igreja atravessou muitos séculos de comunicação e sempre com o desejo de cumprir o mandato dado por Jesus, que disse: "Ide por todo o mundo e anunciai o Evangelho a toda a criatura" (Mc 16,15).

O processo de comunicação se desenvolveu e melhorou ao longo dos séculos. A Internet é um veículo de comunicação cada vez mais refinado e presente na vida humana. Na Internet, encontramos milhares de possibilidades de navegação e, entre elas, está a possibilidade de comunicar a todos os povos do mundo a boa nova do Reino de Deus proclamada por Jesus com palavras e ações e, de modo soberano, no mistério da Sua paixão, morte e ressurreição, que trouxe a redenção e a salvação a toda a humanidade.

1 Paulo VI, Exortação Apostólica *Evangelii nuntiandi* sobre a evangelização no mundo contemporâneo, n. 14.

Reconhecer e abraçar os meios de comunicação como "maravilhosas invenções da tecnologia"[2], como afirma o decreto *Inter Mirifica*, foi, sem dúvida, um passo importante na história da Igreja e de sua obra de evangelização. O Papa Francisco disse que a Internet "é uma coisa boa, é um dom de Deus".[3]

O mundo digital, e em particular as redes sociais, são agora um ponto de encontro. Eles são como "uma nova *ágora*", como disse o Papa Bento XVI. Eles realmente se tornaram um ambiente de interação contínua. Neste lugar, as pessoas compartilham suas vidas e experiências, cultivam e constroem relacionamentos.

Como uma poderosa ferramenta de comunicação, o ambiente digital é um lugar propício para evangelizar e proclamar a boa nova de Jesus Cristo com todos os seus valores. De fato, já existem milhares de cristãos no mundo digital que usam as mídias sociais para evangelizar com fé, em nome da Igreja.

Diante desse fenômeno da evangelização nas mídias sociais e do aumento do número de missionários digitais (*influencers*), principalmente durante e após a pandemia de COVID-19, a Igreja reconhece a importância e a eficácia do uso desses novos meios de comunicação. No entanto, diante dessa nova forma de fazer pastoral, a Igreja se questiona, com sabedoria e prudência, sobre a questão

---

2 Decreto *Inter Mirifica* sobre os Meios de Comunicação Social, n.1.

3 Francisco, Mensagem para o 48º Dia Mundial das Comunicações Sociais, "A comunicação ao serviço de uma autêntica cultura do encontro" (1 de junho de 2014).

fundamental da teologia pastoral: o que a Igreja deve fazer aqui e agora?

O objetivo deste livro é esclarecer o que é a evangelização digital; como deve ser feita de acordo com as orientações da Igreja; quem são os cristãos católicos que evangelizam nas redes sociais e qual é a sua verdadeira missão pastoral, conforme as considerações do documento do Dicastério para a Comunicação da Santa Sé "Rumo à presença plena: Reflexão Pastoral sobre a participação nas redes sociais", publicado na Solenidade de Pentecostes em 28 de maio de 2023. Esse documento não é um diretório, mas uma reflexão teológico-pastoral que enfatiza a importância destes três conceitos: Conexão, Proximidade e Encontro.

O método escolhido e utilizado nesta pesquisa foi o do *Discernimento pastoral* da Teologia Pastoral da Escola Lateranense de Roma. O livro foi estruturado com base nas três dimensões do método: kairológica, criteriologia e operacional.

No primeiro capítulo, o conceito da *Conexão* é explicado, considerando a dimensão *kairológica* (a palavra *Kairós* no grego significa o Tempo de Deus) que indica a necessidade de pensar a ação da Igreja "a ser sempre colocada, em todos os momentos, em relação à situação; e, ao mesmo tempo, que esta relação se apreenda sempre num horizonte explicitamente teológico (kairós)"[4]. Neste contexto de um mundo digitalmente interconectado, a ação de Deus acontece. Procurando ler os sinais dos tempos, a Igreja contempla e é capaz de discernir como a Internet e as

4 P. Asolan, *Il tacchino indutivista, Questioni di Teologia Pastorale, Il pozzo di Giacobbe, Trapani*, 2009, p. 21.

redes sociais podem ser um importante instrumento eficaz para a evangelização, a humanização e a salvação de uma multidão de pessoas. A evangelização nas redes sociais pode ser considerado um novo kairós.

Neste capítulo, como a pesquisa se baseia principalmente no documento “Rumo à presença plena”, primeiro é explicado o que é este documento, qual a sua relevância para a atualidade em sentido missionário e o que ele apresenta como guia teológico e pastoral para quem evangeliza nas redes sociais. Em seguida, é apresentado o desenvolvimento da pastoral digital na Igreja nos últimos anos, com base nos documentos da Igreja e, sobretudo, no magistério dos Papas São João Paulo II, Bento XVI e Francisco. Seguindo o estudo, buscamos entender as redes sociais como um lugar de missão e como é possível fazer pastoral dentro desse ciberespaço, na infosfera com os nativos digitais, nessa realidade do mundo *Onlife* e hiperconectado, na cultura da virtualidade e a partir do entendimento da humanidade midiática. Por fim, são apresentados os riscos e as oportunidades da evangelização digital, bem como o poder e a responsabilidade daqueles que realizam essa missão.

No segundo capítulo, a palavra-chave é *Proximidade*. Aqui levamos em consideração a dimensão *criteriológica* do método, que afirma: “os critérios são o centro nevrálgico de todo o processo metodológico: são aqueles que estabelecem o coeficiente normativo de ação e avaliam o sucesso prático da elaboração teológico-prática”[5]. Para realizar sua evangelização nas mídias sociais, a Igreja precisa estabelecer critérios que permitam que seus missionários

5 P. Asolan, *Il tacchino indutivista*, p.24.

sejam qualitativamente eficazes neste trabalho pastoral no ambiente digital. Um critério indispensável é que os evangelizadores digitais possam descobrir como viver a proximidade cristã com uma presença plena no contexto das mídias sociais.

Neste capítulo, desenvolve-se uma reflexão sobre a comunicação como proximidade a partir dos ensinamentos do Papa Francisco. Em seguida, refletimos sobre como passar dessa proximidade online para uma experiência plena de compaixão cristã no ambiente digital. Por fim, com base nos estudos mais recentes, procuramos apresentar quem são os influenciadores digitais católicos e como eles podem exercer a missão de "bons samaritanos" nas "estradas digitais".

No terceiro e último capítulo, a palavra central é *Encontro*. Considerando a dimensão *operacional* que "identifica a referência constante à ação eclesial, ou seja, à ação, para a qual se dirige toda a reflexão teológico-pastoral"[6]. Como diz Paolo Asolan: "A intencionalidade operativa está inscrita no patrimônio genético da Teologia Pastoral"[7]. Neste capítulo, é assumido o compromisso de destacar a ação pastoral, o lado prático do estudo. É claro que a reunião digital deve levar à reunião presencial, sem nunca a substituir totalmente. Isto vale para o aspecto litúrgico-celebrativo, mas também para a vida comunitária.

Refletindo sobre a dimensão prática de saber como encontrar os outros, este capítulo começa com a questão

---

6 S. Lanza, *Convertendo Jonas - Pastoral como projeto*, Edizioni OCD, Roma, 2008, p.116.

7 P. Asolan, *Il tacchino indutivista*, p.22.

de como a pastoral digital pode ajudar a construir relações comunitárias em um mundo tão fragmentado. Continuamos a desenvolver o pensamento de como a presença das redes sociais não é apenas uma interação superficial, mas um desejo real de criar uma comunhão real, humana e fraterna. Também aqui se desenvolve uma reflexão sobre uma postura significativa para quem evangeliza no ambiente digital, que é a de saber ouvir. O missionário digital não deve ser alguém que apenas fala, mas alguém que ouve ativamente com os ouvidos do coração.

Destaca-se também que a ação evangelizadora dos missionários digitais deve ser caracterizada por uma posição sinodal. Ou seja, que estejam sempre em plena comunhão com o Santo Padre e com os ensinamentos do Magistério da Igreja e não usem o poder de influência que possuem para se promover, muito menos para fomentar polarizações e divisões dentro da esfera eclesial. Mas devem ser responsáveis e capazes de dar a todos um autêntico testemunho de vida cristã.

A conclusão é uma reflexão sobre a importância do autêntico testemunho cristão dos evangelizadores digitais católicos como elemento fundamental para uma evangelização madura e eficaz nas redes sociais.

# 1

# CONEXÃO: AS REDES SOCIAIS COMO LUGAR DE MISSÃO

## RUMO À PRESENÇA PLENA

Na solenidade de Pentecostes, em 28 de agosto de 2023, o documento "Rumo à presença plena: reflexão pastoral sobre a participação nas redes sociais", foi publicado pelo Dicastério para a Comunicação da Santa Sé. Ele aborda essa questão e indica alguns pontos essenciais para quem realiza o trabalho pastoral como evangelizadores digitais nas redes sociais.

O documento é assinado conjuntamente por Paolo Ruffini, Prefeito do Dicastério nomeado pelo Papa Francisco em 2018 — ele foi o primeiro leigo nomeado para chefiar a presidência de um órgão da Cúria Romana — e Monsenhor Lucio A. Ruiz, Secretário do Dicastério.

É importante sublinhar que este documento é a primeira publicação oficial do Dicastério para a Comunicação após a reforma da Cúria Romana promovida pelo Papa Francisco em 2015. O Pontifício Conselho para as Comunicações Sociais foi extinto em março de 2016 e incorporado ao Secretariado para a Comunicação, agora chamado Dicastério para a Comunicação. O último documento produzido data de mais de 20 anos atrás.

O documento não pretende definir "diretrizes" precisas para o trabalho pastoral nas mídias sociais. Mas é uma reflexão teológico-pastoral sobre o novo jeito de evangelizar da Igreja. O trabalho de redação exigiu muita consistência, dedicação e comprometimento, tentando com responsabilidade esclarecer o verdadeiro significado e intenção do texto:

> As seguintes páginas representam o resultado de uma reflexão que envolveu especialistas, professores, jovens profissionais e líderes, leigos, clérigos e religiosos. O objetivo consiste em abordar algumas das principais questões sobre o modo como os cristãos deveriam participar nas redes sociais. Elas não tencionam ser "diretrizes" exatas para o ministério pastoral nesta área. Ao contrário, espera-se promover uma reflexão comum sobre nossas experiências digitais, incentivando os indivíduos e as comunidades a adotar uma abordagem criativa e construtiva que possa fomentar uma cultura da proximidade.[8]

Durante a apresentação do documento[9], Paolo Ruffini, Prefeito do Dicastério para a Comunicação, disse que o documento:

> É o resultado de uma reflexão teológica pastoral cujo foco é o homem e não a máquina, o coração e não o algoritmo. Cabe a nós renegociar as regras, recuperar a posse dos relacionamentos, passar da conexão para o compartilhamento [...] cabe a nós transformar o mundo das mídias sociais, libertando-o dos dogmas unilaterais das empresas

8 Dicastério para a Comunicação, Rumo à presença plena: reflexão pastoral sobre o engajamento nas redes sociais, 2023, n.5.

9 No dia 29 de maio de 2023, às 12h30, realizou-se uma coletiva de imprensa na Sala de Imprensa da Santa Sé, Sala São Pio X, para a apresentação do documento: Rumo à presença plena: reflexão pastoral sobre o engajamento nas redes sociais.

> que o administram, para devolvê-lo ao bem comum, ao compartilhamento gratuito.[10]

O documento não é apenas para crentes ou especialistas na área. É para todos. Porque o ambiente digital afeta a todos. Neste texto, encontramos questionamentos, inquietações, reflexões e ideias, respostas e críticas ao exercício da comunicação nas mídias sociais que geram mudanças na sociedade. É uma reflexão que pretende provocar um exame de consciência pessoal e coletivo que favoreça o bem comum e a partilha gratuita como o Bom Samaritano na parábola de Jesus.

Esta reflexão pastoral comum sobre o envolvimento dos cristãos nas redes sociais tem como inspiração e fundamento bíblico a parábola do Bom Samaritano (cf. Lc 10,29-37). Os cristãos são convidados a trazer uma maneira diferente de agir para as mídias sociais:

> Em nossa jornada pelas "estradas digitais", podemos encontrar outras pessoas com espírito de espectador indiferente ou com espírito de apoio e amizade. No segundo caso, nós – que às vezes somos o Bom Samaritano e às vezes os feridos – podemos começar a contribuir para a cura das feridas criadas por um ambiente digital tóxico. Precisamos reconstruir os espaços digitais para que se tornem ambientes mais humanos e saudáveis. Ao mesmo tempo, podemos ajudar a

---

10 Em. Palermo, Ruffini: renegociando as regras das redes sociais, recuperando a posse do relacionamento, em URL: <https://www.vaticannews.va/it/vaticano/news/2023-05/conferenza-stampa-documento-piena-presenza-social.html> (em 29/12/2023).

> tornar esses ambientes mais capazes de promover comunidades reais, a partir daquele encontro encarnado que é indispensável para aqueles que acreditam no Verbo feito carne.[11]

No final da parábola, Jesus dirige-se ao doutor da lei da seguinte forma: “Vai e faz o mesmo” (Lc 10,37). A jornada para o ambiente digital é uma jornada na qual muitos foram marginalizados, feridos e prejudicados. A reflexão do documento à luz desta parábola visa promover uma cultura de proximidade e amor ao próximo também na esfera digital.

Uma pergunta urgente que encontramos no início do documento é: “como nós, enquanto indivíduos e comunidade eclesial, devemos viver no mundo digital com ‘amor ao próximo’, genuinamente presentes e atentos uns aos outros na nossa viagem comum ao longo das ‘rodovias digitais’?”[12]

A passagem da parábola do Bom Samaritano serve de modelo, como orientação essencial para a reflexão sobre a cultura digital e sobre o comportamento da comunidade eclesial neste campo. A ideia do documento, ao usar a parábola, é chamar a atenção para o fato de que também é possível cuidar dos outros, estar perto, ter misericórdia, ter compaixão, estar atento às necessidades de quem precisa de ajuda mesmo nos ambientes digitais.

---

11 Vatican News, O Bom Samaritano, inspiração para quem “habita” as redes sociais, em URL: <https://www.vaticannews.va/it/vaticano/news/2023-05/il-buon-samaritano-ispirazione-per-chi-abita-i-social-media.html > (em 29/12/2023).

12 Dicastério para a Comunicação, Rumo à presença plena, n.1.

No contexto digital das mídias sociais, muitos foram e ainda são marginalizados, feridos e prejudicados. A reflexão proposta pelo documento visa promover uma cultura de proximidade, compaixão e misericórdia no mundo digital.

Da mesma forma que o Bom Samaritano cuidou do homem ferido à beira do caminho, é necessário que os evangelizadores digitais tenham empatia e cuidem daqueles que podem estar sofrendo ou marginalizados no ambiente digital. Isto é, poder oferecer apoio, conforto ou orientação em seus momentos de necessidade.

A mídia social é um terreno fértil para o bem, mas também pode se tornar uma fonte de negatividade. O missionário que evangeliza no ambiente digital deve estar atento às necessidades das pessoas que enfrentam dificuldades no ambiente digital, entre outros problemas graves como o *cyberbullying*[13], o isolamento social e a desinformação. É importante testemunhar uma presença cristã solidária que possa oferecer recursos, quando possível, para ajudar aqueles que sofrem com essas dificuldades.

O documento visa sempre promover uma cultura de respeito e de sensibilidade nas interações

---

13 Cyberbullying: O termo vem da combinação da palavra cyber (uma palavra em inglês associada à comunicação virtual em mídia digital) e da palavra bullying (derivada da palavra inglesa bully, que significa tirano, brutal). O cyberbullying é a violência contra alguém na Internet, seja nas redes sociais ou em outras mídias digitais. Significa usar o espaço virtual para intimidar, assediar, difamar e insultar alguém, atacando moralmente, fisicamente ou psicologicamente uma pessoa.

online. Isso obviamente envolve o ato de abster-se de comportamentos prejudiciais, promover o diálogo construtivo e rejeitar a violência verbal ou o discurso de ódio. Como o Bom Samaritano agiu de forma afetiva e eficaz, a reflexão do documento sugere que é necessário ir além das palavras e tomar ações práticas para ajudar os outros no ambiente digital. Isso pode ser feito por meio de apoio, incentivo ou intervenção positiva. Não é possível simplesmente se conectar com alguém e tratá-lo com indiferença. O mundo digital, especialmente as redes sociais, é um campo missionário, um lugar para evangelizar.

## PASTORAL DIGITAL: O OBJETIVO DA PASTORAL NAS REDES SOCIAIS

A comunicação é o princípio da vida. Surge da necessidade humana de sobreviver. É uma característica significativa e profundamente importante, que distingue os humanos de qualquer outra espécie na Terra. Precisamos superar distâncias, romper isolamentos, criar relações, conversar, transmitir ideias, sentimentos, emoções, entrar em comunhão.

Seguindo o método adotado do discernimento pastoral da Teologia Pastoral da Escola Lateranense com suas três dimensões: *kairológica*, *criteriológica* e *operacional*; para refletir sobre o cuidado pastoral digital e o engajamento nas mídias sociais neste texto, vamos começar com o "princípio da encarnação". Por quê?

> Essa centralidade da intensa encarnação como lei ("Deus sempre salva o homem, através do homem, com meios humanos - gestos e palavras"), como evento (o Verbo eterno se fez carne e assumiu a natureza humana), como critério (de um evento historicamente conotado, a encarnação torna-se horizonte de ação) implica uma compreensão precisa - e, portanto, configuração - tanto do objeto quanto do método de Teologia Pastoral [...] A ação eclesial não é simplesmente humana, mas humana-divina.[14]

Deus revelou-se ao seu povo ao longo dos séculos. No entanto, a Sagrada Escritura nos ensina que "quando chegou a plenitude dos tempos, Deus enviou seu Filho, nascido de mulher" (Gl 4,4). Deus comunica plenamente com a humanidade já não através de outrem, mas é Ele mesmo que vem ao nosso encontro. É Deus "que nos amou e enviou o seu Filho como vítima de expiação pelos nossos pecados" (1Jo 4,10). "O Pai enviou o seu Filho para ser o Salvador do mundo" (1Jo 4,14).

São João escreveu: "E o Verbo fez-se carne e habitou entre nós" (Jo 1,14). E a Igreja chama "encarnação" precisamente o fato de que o Filho de Deus veio até nós. Que Ele assumiu uma natureza humana para realizar nossa salvação no mistério do amor pela Igreja. Entendida como um ato de fé, a comunicação é considerada um princípio

---

14 P. Asolan, *O tacchino indutivista*, p.19.

de salvação. E é à Igreja que Cristo confiou a missão de anunciar o Evangelho da salvação: Ide por todo o mundo e anunciai o Evangelho a toda a criatura" (Mc 16,15).

Vivemos em uma sociedade altamente conectada à Internet. Em quase todos os lugares e horários não é difícil encontrar pessoas como os olhos fixos nas telas. Toda esta vida de conectividade digital (*onlife*) se apresenta como uma verdadeira dimensão existencial da vida humana. O Brasil ocupa um lugar significativo no que se refere ao maior tempo de uso diário da Internet. Vejamos:

> No Brasil, no início de 2024, segundo a pesquisa Digital 2024, havia 187,9 milhões de usuários frequentes de Internet no país, ou seja, quase 87% da população total. E o tempo médio de uso diário de Internet por parte dos brasileiros era nada menos do que 9h13min, praticamente a metade de um dia, o que coloca o país no 2º lugar em relação ao tempo médio de conexão entre os países pesquisados (perdendo apenas para a África do Sul). A Internet e as redes digitais, portanto, não podem ser pensadas como um "espaço" abstrato, genérico, neutro, vazio, muito menos paralelo ou "virtual". Não apenas "estamos" em rede, mas também somos rede, dadas as nossas inter-relações de diversos níveis, também do ponto de vista digital.[15]

15 Sbardelotto, M, Missionários no Ambiente digital: Em nome de quem? Coleção Comunicação Pastoral. Aparecida – SP, Editora Santuário, 2024, p. 41

A Exortação Apostólica *Evangelii Nuntiandi*, de 1975, de Paulo VI, é um importante documento magisterial sobre a atividade missionária da Igreja, porque deu um grande dinamismo à atividade evangelizadora da Igreja nas décadas seguintes, acompanhada de uma verdadeira valorização e promoção do ser humano. Nela, o Pontífice afirma, no número 14, que a evangelização é a razão pela qual a Igreja existe na terra:

> Evangelizar, de fato, é a graça e a vocação própria da Igreja, a sua identidade mais profunda. Ela existe para evangelizar, isto é, para pregar e ensinar, para ser o canal do dom da graça, para reconciliar os pecadores com Deus, para perpetuar o sacrifício de Cristo na Santa Missa, que é o memorial da sua morte e ressurreição gloriosa.[16]

Com a consciência de quem ela é e qual é a sua missão no mundo, a Igreja desempenhou o seu papel na história ao longo dos séculos. E para evangelizar, ela usa os meios de comunicação social disponíveis, de acordo com as condições dos tempos históricos, para comunicar melhor a Palavra de Deus, a Boa Nova da salvação para toda a humanidade.

Deve-se enfatizar que a Igreja foi pioneira no campo da comunicação por rádio e imprensa. Por exemplo, a Rádio Vaticano foi uma das primeiras estações de rádio do mundo, inaugurada pelo Papa Pio XI, em 1931. Desde a primeira impressão da Bíblia pelo alemão Johannes Gutenberg, em

16 Paulo VI, Exortação Apostólica *Evangelii nuntiandi* sobre a evangelização no mundo contemporâneo, n. 14.

1454, até à chegada da Internet, a Igreja atravessou muitos séculos de comunicação e sempre com o desejo de cumprir o mandato dado por Jesus, que disse: "Ide por todo o mundo e anunciai o Evangelho a toda a criatura" (Mc 16,15).

À medida que a Igreja compreendeu melhor a importância dos meios de comunicação social como instrumento oportuno para melhorar e cumprir a sua missão de evangelização, teve de superar uma visão negativa da censura e da repressão que ela havia antes, para uma atitude mais aberta e positiva. Desde o papado de Inocêncio VII até o século XIX, a mídia era vista como algo relacionado ao mal que poderia levar a sociedade ao caminho da perdição e não da salvação. Um documento muito importante que testemunha essa nova abordagem da mídia é o Decreto conciliar *Inter Mirifica* sobre os meios de comunicação social, de 4 de dezembro de 1963, que começa dizendo:

> Entre as maravilhosas invenções técnicas que, sobretudo no nosso tempo, o engenho humano conseguiu, com a ajuda de Deus, haurir da criação, a Igreja acolhe e segue com particular solicitude aquelas que dizem respeito mais diretamente às faculdades espirituais do homem e que ofereceram novas possibilidades de comunicar, com a maior facilidade, toda a espécie de novidades, ideias e ensinamentos. Entre essas invenções, esses instrumentos ocupam um lugar importante que, por sua natureza, são capazes de atingir e influenciar não apenas os indivíduos, mas as próprias massas e toda a humanidade.

> Esta categoria inclui imprensa, cinema, rádio, televisão e afins. Justamente, portanto, podem ser chamados de instrumentos de comunicação social.[17]

Antes do Decreto *Inter Mirifica*, havia vários documentos da Igreja que tratavam do tema da comunicação. Por exemplo, o Papa Sisto IV redigiu o documento *Accepimus litteras vestras* impresso em 1479; Gregório XVI, em 1832, promulgou o *Mirari vos* sobre a liberdade de imprensa; Pio IX, em 1849, escreveu o *Nostis et nobiscum* em livros; Pio XI fez circular a *cura Vigilanti,* em 1936, no cinema; Pio XII, em 1957, escreveu o *Miranda prorsus* sobre cinema, rádio e televisão; e o Papa João XXIII, em 1960, escreveu *o Boni Pastoris* sobre cinematografia, rádio e televisão. No entanto, esses documentos foram caracterizados por uma visão negativa, com cautela e ressalvas em relação à mídia. Na realidade, o Decreto *Inter Mirifica* representou uma verdadeira mudança de paradigma, um importante divisor de águas na forma como a Igreja definiu sua visão da mídia e agiu de acordo.

> O mérito da *Inter Mirifica* é enfatizar que a Igreja deve usar os meios de comunicação para a evangelização, deve se adaptar às novas tecnologias e torná-las suas, algo que despertou certa perplexidade e espanto em muitos padres capitulares. Claro, a ideia não era nova, e algumas práticas já existiam dentro da própria Igreja.[18]

---

17 *Decreto Inter Mirifica sobre os Meios de Comunicação Social*, n.1.

18 D. Zanon, *Igreja e sociedade em rede: Impactos para uma cibereclesiologia,* Paulus, São Paulo 2019, p.73.

Reconhecer e abraçar os meios de comunicação como "maravilhosas invenções da tecnologia" foi, sem dúvida, um passo importante na história da Igreja e de sua obra de evangelização. Esse gesto abre novas possibilidades para a ação missionária e a expansão da fé cristã no mundo. É óbvio que a declaração da Igreja sobre a importância dos meios de comunicação no Decreto *Inter Mirifica* não se referia à Internet ou às mídias sociais. No entanto, isso ofereceu novas perspectivas e abriu a possibilidade de podermos utilizá-las no futuro: isto é, precisamente o que vivemos hoje em termos de cultura digital.

São João Paulo II foi o primeiro pontífice a falar sobre a web. Porque foi durante seu pontificado que a microcomputação e depois a Internet se desenvolveram. Com o Papa Bento XVI, a chamada cultura digital se espalhou por todos os continentes. Por isso, o pontífice deixou inúmeras reflexões sobre o tema, nas quais relaciona a vida cristã à cultura digital. O Papa Francisco, quando se trata de transmitir ensinamentos e recomendações sobre o uso da web e a chamada cibercultura, fala muito sobre a importância de usá-la, mas também sobre como usá-la. Suas mensagens para o Dia Mundial da Comunicação contêm profundas reflexões catequéticas, teológicas e pastorais sobre temas relativos à comunicação.

A Internet é um veículo de comunicação cada vez mais refinado e presente na vida humana. Na Internet encontramos uma ampla gama de oportunidades para navegar na rede, e entre elas a possibilidade de se comunicar com mais pessoas ao redor do mundo. Existem várias mídias sociais como Facebook, YouTube, Instagram, TikTok etc., que se destinam a aproximar as pessoas, treinar, educar e informar. Pouco a pouco, as mídias sociais também se tornaram uma ferramenta de evangelização.

O mundo digital, e em particular as redes sociais, são agora um ponto de encontro. São áreas de interação contínua. Nesse ambiente, as pessoas compartilham suas vidas e experiências, cultivam e constroem relacionamentos. Há uma beleza e um perigo nisso. A beleza está no ato de construir amizades e relacionamentos. O perigo é que essas relações, nascidas no ambiente digital, correm o risco de nunca se tornarem verdadeiras relações humanas. É preciso discernimento para saber como agir no ambiente digital. Por este motivo "muitos cristãos pedem inspiração e orientação, pois as mídias sociais, que são uma das expressões da cultura digital, tiveram um impacto profundo em nossas comunidades de fé e em nossos caminhos espirituais individuais".[19]

Como poderosa ferramenta de comunicação, o ambiente digital é um lugar propício para evangelizar e proclamar a Boa Nova de Jesus Cristo. De fato, já existem milhares de perfis digitais (a título pessoal ou comunitário) no mundo digital que usam suas mídias sociais para pastorear e evangelizar com fé em nome da Igreja.

> Exemplos de envolvimento fiel e criativo nas mídias sociais são numerosos em todo o mundo, tanto por comunidades locais quanto por indivíduos que testemunham a fé nessas plataformas, muitas

19 Dicastério para a Comunicação, Rumo à presença plena, n.2.

> vezes de maneira mais difundida do que a Igreja institucional. Há também numerosas iniciativas pastorais e educativas desenvolvidas por Igrejas locais, movimentos, comunidades, congregações, universidades e indivíduos.[20]

A criatividade no uso das redes sociais para anunciar o Evangelho é um fato muito positivo, mas é necessário que esses evangelizadores digitais católicos estejam realmente conscientes de sua responsabilidade e de como cumprir a missão de anunciar digitalmente os valores do Evangelho e criar uma proximidade qualitativamente cristã e uma proximidade e encontro reais.

## CONEXÃO: UM NOVO MODO DE FAZER PASTORAL

Em 1984, o escritor de ficção científica americano-canadense William Gibson usou pela primeira vez o termo *Ciberespaço* em seu romance *Neuromancer*. Neste trabalho, o termo *Ciberespaço* designa o universo das redes digitais, como um lugar de conexão, conflito, encontro e possíveis aventuras, que representa uma nova fronteira cultural e econômica. Gibson define *o ciberespaço* como:

> Uma alucinação vivida consensualmente todos os dias por bilhões de operadores do direito, em todas

20 Ibidem.

> as nações [...] uma representação gráfica dos dados dos bancos de todos os computadores do sistema humano. Complexidade impensável. Linhas de luz alinhadas no não-espaço da mente, aglomerados e constelações de dados. Como as luzes da cidade, que estão se afastando – W.Gibson, Neuromante, Editrice Nord, Milão, 1986 (ed.or.1984).[21]

Mas há também espaço para a evangelização neste *ciberespaço*? É um lugar sagrado e propício à manifestação de Deus? Segundo Darlei Zanon, religioso paulino e especialista em comunicação, cultura e tecnologia da informação, uma das primeiras questões que nortearam os estudos sobre religião na rede, principalmente no final dos anos noventa, foi justamente a de não saber responder a essa pergunta. Ele afirma:

> À primeira vista, o ciberespaço não parece ser um lugar que permita Sua revelação, uma epifania, porque é impessoal, um lugar abstrato. Mas quando analisamos mais profundamente, e especialmente a partir da Internet 2.0 e das redes sociais, vemos que o ciberespaço é um lugar de relações, de testemunho, de formação, de comunicação, de ação e contemplação, e um espaço sagrado, "é um lugar onde os seres humanos podem ser cheios de graça", diz Werthein. é um lugar que torna possível a revelação e o contato com Deus, um lugar que torna possível a "amizade" e o "relacionamento"

21 F. Vecoli, A religião no tempo da web, GLF - Editori Laterza, Bari (Itália) 2013, p. 26.

com Deus, como amizades ou conexões nas redes sociais.[22]

Luciano Floridi, professor de Filosofia e Ética da Informação na Universidade de Oxford, cunhou o termo *Onlife* que foi tornado público em 2013, com o lançamento de *Il Manisfesto Onlife*. mas o que exatamente significa o termo *Onlife*?

> Em suas palestras, ele costuma dizer que ser *Onlife* é como viver na sociedade dos manguezais. Manguezais, de fato, vivem em água salobra, onde a água de um rio e a do mar se encontram. Um ambiente incompreensível se você olhar para ele da perspectiva da água doce ou salgada. Um ambiente híbrido, condição necessária para a sobrevivência dessas plantas. *A Onlife* é isto: uma existência em que caiu a barreira entre o real e o virtual – mais propriamente, entre o mundo físico e o mundo digital – não há diferença entre *online* e *offline*, mas existe precisamente uma existência *Onlife*.[23]

Luciano Floridi afirma que vivemos na *Infosfera,* definida como "o espaço semântico constituído pela totalidade dos documentos, agentes e suas operações".[24] A *infosfera* é a hibridização entre digital e analógico, físico

---

22 D. Zanon, Igreja e sociedade em rede: impactos para uma cibereclesiologia, Paulus, São Paulo 2019, p. 40.

23 F. Ammendolia – R. Petricca, *Igreja e Pastoral Digital: Saída para uma Sociedade 5.0,* Il Pozzo di Giacobbe, Trapani 2023, p. 24.

24 *Ibid., 26.*

e virtual, online e offline. Hoje temos uma *identidade Onlife.*

Massimiliano Padula, professor de Ciências da Comunicação Social no Instituto Pastoral *Redemptor Hominis* da Pontifícia Universidade Lateranense de Roma, afirma que: "traçar uma identidade serena de uma vida hipotética a homem parte, portanto, de uma simples consciência: o digital está em perfeita continuidade com a realidade cotidiana e não é um universo separado para ser vivido com desconforto".[25]

Aqui é necessário adicionar o conceito de (*humanità mediale)* para melhor expressar essa integração entre o que é humano e o que é virtual.

> Sem dúvida, o conceito de "humanidade midiática" tem relevância social e cultural. A história da mídia é a história do homem, de suas escolhas, suas habilidades e conhecimentos. Ao mesmo tempo, a história humana é orientada pela mídia. Através deles, de fato, mudam as percepções que os homens têm dos outros homens e das coisas do mundo. Esses múltiplos ângulos de significado podem ser explicados pela observação dos muitos fenômenos sociais que caracterizam o existente. Não há organismo social que não seja "tocado" pela mídia.[26]

---

25 M. Padula, *Comunica il prossimo tuo: cultura digitale e prasi pastorale,* Paoline, Milão 2020. p. 47.

26 F. Ceretti – M. Padula, *Umanità mediale.* Teoria Social e Perspectivas Educacionais, Edições ETS, Pisa 2016, p.24.

O Papa Pio XII, em sua carta encíclica *Miranda prorsus* de 1957, declarou:

> As maravilhosas invenções técnicas de que se orgulha o nosso tempo, embora fruto do engenho e do trabalho humanos, são, no entanto, dons de Deus.[27]

Naquela ocasião, o Papa obviamente não se referiu à Internet, que nasceria e se desenvolveria durante o pontificado de São João Paulo II. Além disso, o Papa Francisco atualiza a mensagem de Pio XII, que declarou que os meios de comunicação são "dons de Deus", agora falando especificamente sobre a Internet. O Papa argentino observa:

> Em particular, a Internet pode oferecer maiores possibilidades de encontro e solidariedade entre todos, e isso é uma coisa boa, é um dom de Deus.[28]

Em sua mensagem para o 36º Dia Mundial das Comunicações Sociais, de 12 de maio de 2002, intitulada "A Internet: um novo fórum para o anúncio do Evangelho", o Papa João Paulo II afirma que a Internet é um novo "fórum", um novo espaço no qual a Igreja deve anunciar o Evangelho. Ele afirma:

---

27 Pio XII, Carta Encíclica *Miranda prorsus* sobre cinema, rádio e televisão.

28 Francisco, Mensagem para o 48º Dia Mundial das Comunicações Sociais, "A comunicação ao serviço de uma autêntica cultura do encontro" (1 de junho de 2014).

> Como as novas fronteiras de outras épocas, esta é uma mistura de perigos e promessas, não sem aquele senso de aventura que caracterizou outros grandes períodos de mudança. Para a Igreja, o novo mundo do ciberespaço impele a grande aventura a usar as suas potencialidades para anunciar a mensagem evangélica. Este desafio é a essência do significado de seguir Cristo e seu mandato de "fazer-se ao largo" no início do milênio: *Duc in altum*! (Lc 5,4).[29]

E continua no número 4, apresentando a Internet como uma excelente ajuda para evangelizar:

> A Igreja aborda esse meio com realismo e confiança. Como outros meios de comunicação, é um meio e não um fim em si mesmo. A Internet pode oferecer magníficas oportunidades de evangelização, se for usada com competência e com uma consciência clara dos seus pontos fortes e fracos. Acima de tudo, oferecendo informações e despertando interesse, torna possível um primeiro encontro com a mensagem cristã, especialmente para os jovens que recorrem cada vez mais ao ciberespaço como uma janela para o mundo [...] numa fase posterior, a Internet pode também facilitar o tipo de processo que a evangelização exige. Em particular, numa cultura que não oferece apoio, a vida cristã exige uma instrução e uma catequese

29 Giovanni Paolo II, *Messaggio per la 36ª Giornata Mondiale delle Comunicazioni* Sociali "Internet: un nuovo Forum per proclamare il Vangelo" (12 maio 2002).

permanentes, e este é talvez o âmbito em que a Internet pode oferecer uma ajuda excelente.[30]

Em sua mensagem de 12 de maio de 2013, para o 47º Dia Mundial das Comunicações Sociais, o Papa Bento XVI falou especificamente de "Redes sociais: portas da verdade e da fé; novos espaços de evangelização". Nesta mensagem, o Pontífice se refere às redes sociais digitais como "uma nova *ágora,* uma praça pública e aberta onde as pessoas compartilham ideias, informações, opiniões e onde, além disso, novas relações e formas de comunidade podem ganhar vida. [31]

O número 7 do documento "Rumo à presença plena" destaca algumas vantagens que as redes sociais podem efetivamente trazer para o processo de evangelização no ambiente digital.

> As redes sociais representam apenas um dos ramos do fenômeno muito mais vasto e complexo da digitalização, que consiste no processo de transferência de muitas tarefas e dimensões da vida humana para plataformas digitais. As tecnologias digitais podem aumentar nossa eficácia, incrementar nossa economia e ajudarnos a resolver problemas que antes eram insolúveis. A revolução digital ampliou nosso acesso às informações e nossa capacidade de nos

---

30 Ibidem

31 Bento XVI, Mensagem para o 47º Dia Mundial das Comunicações Sociais, "Redes sociais: portas da verdade e da fé; novos espaços de evangelização" (24 de janeiro de 2013).

conectarmos uns com os outros, para além dos limites do espaço físico. Um processo já em curso ao longo das últimas três décadas foi acelerado pela pandemia.[32]

Em sua mensagem sobre "Novas tecnologias, novas relações", no dia 24 de maio de 2009, por ocasião do 43º Dia Mundial das Comunicações Sociais, o Papa Bento XVI sublinhou, dirigindo-se a um contexto global e, sobretudo, à geração digital, os grandes benefícios da chamada cultura da comunicação na construção de relações saudáveis, maduras e cristãs.

> Muitos benefícios derivam dessa nova cultura de comunicação: as famílias podem manter contato mesmo que divididas por enormes distâncias, estudantes e pesquisadores têm acesso mais fácil e imediato a documentos, fontes e descobertas científicas e podem, portanto, trabalhar em equipes de diferentes lugares; Além disso, a natureza interativa das novas mídias facilita formas mais dinâmicas de aprendizagem e comunicação, que contribuem para o progresso social. Embora seja surpreendente a rapidez com que as novas tecnologias evoluíram em termos de confiabilidade e eficiência, sua popularidade entre os usuários não deve ser surpresa, pois respondem ao desejo

32 Dicastério para a Comunicação, Rumo à presença plena, n.07.

fundamental das pessoas de se conectarem umas com as outras.[33]

Falando do período de confinamento durante a pandemia de COVID-19, quando não era mais possível se reunir, as redes sociais desempenharam o papel de manter vivas as relações de fé, humanas e até comunitárias. No prefácio do livro "*La Chiesa nel digitale: strumenti e proposte*" do Fabio Bolzetta, o Papa Francisco escreveu:

> Penso em tantos sacerdotes que fizeram bom uso da tecnologia e das redes sociais para manter o povo de Deus em contato com sua Palavra, oferecendo a possibilidade de participar da Missa. As redes sociais foram usadas para manter contato, sinalizar necessidades, não nos fazer sentir sozinhos, ativar iniciativas de caridade, continuar a ver o rosto uns dos outros enquanto esperamos nos encontrar novamente [...] A web e as redes sociais podem ser habitadas por aqueles que dão testemunho da beleza da fé cristã, por aqueles que propõem histórias de fé e caridade vividas, por aqueles que comunicam na linguagem de hoje a extraordinária novidade do Evangelho e por aqueles que ouvem como os apóstolos e discípulos aprenderam a fazer com Jesus.[34]

---

33 Bento XVI, Mensagem para o 43º Dia Mundial das Comunicações Sociais: "Novas tecnologias, novas relações. Promover uma cultura de respeito, diálogo e amizade" (24 de maio de 2009).

34 F. Bolzetta, A Igreja no Digital: Ferramentas e Propostas, WeCa (Associação Católica Italiana da Web), Tau Editrice, Todi (PG) 2022, p.12-13.

Sem dúvida, foi e continua sendo um desafio para muitos líderes religiosos, entender, adaptar e aprender a usar a mídia social como ferramenta de evangelização. No entanto, com o fechamento dos templos e a necessidade de manter o distanciamento durante a pandemia de COVID-19, a grande necessidade de a Igreja estar presente com a proclamação da fé e da esperança, entrando nas igrejas domésticas por meio da mídia digital, tornou-se ainda mais evidente. Essa forma digital de evangelização não tem a intenção de substituir, mas de ajudar a cumprir a missão da Igreja de alcançar outras pessoas e testemunhar o Evangelho com verdade e amor.

Em sua mensagem para o 48º Dia Mundial das Comunicações Sociais sobre o tema "A comunicação a serviço de uma autêntica cultura do encontro", o Papa Francisco chama a atenção para o fato de que não devemos apenas estar conectados virtualmente, mas que essa conexão deve ser acompanhada por um encontro real.

> Não basta andar pelas "ruas" digitais, em outras palavras, simplesmente estar conectado: a conexão deve ser acompanhada de um encontro real. Não podemos viver sozinhos, fechados em nós mesmos. Precisamos amar e ser amados. Precisamos de ternura. Não são as estratégias de comunicação que garantem a beleza, a bondade e a verdade da comunicação. Até mesmo o mundo da mídia não pode ser alheio ao cuidado com a humanidade e é chamado a expressar ternura. A rede digital pode ser um lugar rico em humanidade, não uma rede de fios, mas de pessoas humanas. A neutralidade

da mídia é apenas aparente: somente aqueles que se comunicam, colocando-se à disposição, podem ser um ponto de referência. O envolvimento pessoal é a própria raiz da confiabilidade de um comunicador. É exatamente por isso que o testemunho cristão, graças à web, pode alcançar as periferias existenciais.[35]

As redes sociais oferecem um terreno fértil para a evangelização devido à sua alta e vasta capacidade de disseminação, interação e conexão. Os três últimos Papas, bem como os Cardeais, Bispos e padres da Igreja Católica Romana, reconheceram e enfatizaram constantemente a grande importância de usar a Internet e as plataformas online como ferramentas de evangelização em nosso tempo. Alguns pontos-chaves que destacam a importância da mídia social como um espaço para proclamar as boas novas de Jesus de forma criativa, dinâmica e eficaz são:

1) **Alcance global:** as mídias sociais oferecem um alcance global imediato, permitindo que as mensagens cheguem instantaneamente a pessoas de todo o mundo. Isso permite que o evangelismo transcenda as fronteiras geográficas, atingindo um público amplo e diversificado. Se houver acesso à Internet, as mídias sociais estarão disponíveis a qualquer hora e em qualquer lugar, permitindo que as

35 FRANCISCO, Mensagem para o 48º Dia Mundial das Comunicações: A comunicação a serviço de uma autêntica cultura do encontro (24 de janeiro de 2014).

mensagens de evangelização sejam acessíveis a pessoas de diferentes origens e realidades;

2) **Interatividade e engajamento social:** as plataformas digitais permitem conexão, interações em tempo real e engajamento direto com o público. Isso possibilita o diálogo, a troca de experiências e as respostas às perguntas sobre a fé, criando assim um ambiente propício para o encontro, o compartilhamento e o aprendizado mútuo;

3) **A possibilidade de formação e aprofundamento da fé:** além de proclamar a mensagem cristã, as redes sociais também oferecem oportunidades de formação e aprofundamento da fé. Transmissões ao vivo, cursos online, debates, compartilhamento de conteúdo de formação catequética e teológica, entre outros, podem contribuir para a educação religiosa de pessoas que buscam aprofundar sua vida de fé;

4) **Criatividade na comunicação:** o ambiente digital oferece uma variedade de ferramentas e formatos que permitem uma comunicação rápida e criativa. Vídeos, imagens, podcasts, postagens interativas e até memes podem ser usados de forma criativa para transmitir mensagens de fé de maneira relevante e envolvente.

As redes sociais são, de fato, um terreno fértil e muito útil para a evangelização, desde que sejam usadas com responsabilidade, autenticidade e centradas nos valores do Evangelho, sempre com o objetivo de promover o amor, a verdade, a fraternidade e a compaixão. Como disse o Papa Francisco, a rede digital deve ser "um lugar rico em humanidade, não uma rede de fios, mas de pessoas humanas".

## RISCOS E OPORTUNIDADES: PUBLICIDADE PESSOAL OU EVANGELIZAÇÃO

A Internet trouxe grandes benefícios para toda a humanidade. Melhorou significativamente a capacidade de comunicar rapidamente, de ter acesso à informação, de resolver inúmeros problemas de forma mais eficiente e com menos burocracia. Melhorou a possibilidade das pessoas se aproximarem, se encontrarem e formarem uma comunidade. Todavia, como ensina a parábola do joio e do trigo (cf. Mt 13,25), há sempre quem semeia maliciosamente o joio no meio do bom trigo.

Dessa forma, até a Internet, que deveria ser algo tão útil e bom, torna-se algo perigoso e prejudicial. A Igreja, como mãe que cuida, protege, orienta e educa, sempre esteve atenta aos impactos nocivos da Internet na vida humana, razão pela qual procurou publicar documentos que ajudassem a compreender esta realidade do ciberespaço como um todo e a proteger-se dos malefícios do uso indevido da Internet.

Durante o período de sua atividade, o Pontifício Conselho para as Comunicações Sociais emitiu os seguintes documentos: 1) Instrução sobre a ética nas comunicações sociais (4 de fevereiro de 2000, Pontificado de João Paulo II); 2) Instrução sobre a Igreja e a Internet (22 de fevereiro de 2002, Pontificado de João Paulo II); 3) Instrução sobre a Internet (22 de fevereiro de 2002, Pontificado de João Paulo II).

Dos três documentos instrutivos, será destacado um ponto do terceiro (Ética na Internet), que aborda uma informação importante — os dois aspectos da Internet: o bem e o mal. A Internet pode oferecer conteúdo positivo e negativo. Metaforicamente falando, seguindo a parábola de Jesus sobre o joio, podemos dizer que esses dois aspectos opostos coexistem no chamado ciberespaço: o joio dos riscos e o grão das oportunidades. O documento diz:

> A disseminação da Internet também levanta uma série de questões éticas relacionadas à privacidade, segurança e confidencialidade dos dados, direitos autorais e propriedade intelectual, pornografia, sites de ódio, disseminação de fofocas e calúnias disfarçadas de notícias e muito mais. [...] No entanto, não acreditamos que a Internet seja apenas uma fonte de problemas, mas sim uma fonte de benefícios para a raça humana, benefícios esses que só serão plenamente realizados quando os problemas existentes forem resolvidos.[36]

36 Pontificio Consiglio Delle Comunicazioni Sociali, *Istruzione Etica in Internet,* n.6. URL:<https://www.vatican.va/roman_curia/pontifical_councils/pccs/documents/rc_pc_pccs_doc_20020228_ethics-Internet_it.html > (em 01/01/2024)

O documento "Rumo à presença plena", discutindo os riscos que existem hoje na Internet e em particular nas redes sociais, convida *os evangelizadores digitais* a prestarem muita atenção às armadilhas encontradas nas viagens e no uso dessas "estradas digitais" e compara a Internet a uma "terra prometida" que precisa ser redescoberta. O documento se expressa sobre o assunto da seguinte forma:

> Na verdade, quando começaram a utilizar a Internet há poucas décadas, as pessoas já compartilhavam uma versão deste sonho: a esperança de que o mundo digital seria um feliz espaço de compreensão comum, informações gratuitas e colaboração. A Internet devia ser uma "terra prometida", em que as pessoas pudessem contar com informações partilhadas com base na transparência, confiança e experiência.[37]

Infelizmente, esse sonho, em princípio, não se tornou realidade. Pelo contrário, essas expectativas não foram realmente compreendidas e implementadas. O documento enfatiza algumas "armadilhas". Riscos que devem ser conhecidos para discernir e desmascarar a lógica nociva que contamina negativamente o ambiente das redes sociais.

De acordo com esse documento, as armadilhas a serem evitadas por aqueles que fazem a evangelização digital são: 1) Desigualdade digital: muitas pessoas ainda não têm acesso às tecnologias de comunicação e

37 DICASTÉRIO PARA A COMUNICAÇÃO, Rumo à presença plena, n.11.

informação; 2) Comercialização das redes sociais: embora os usuários sejam usuários, eles também são produtos; 3) Distribuição, troca de conhecimento, dados e informações: é difícil verificar as fontes e a precisão das informações que circulam no mundo digital; 4) Individualismo na web: enquanto a mídia social une e agrupa aqueles que são "iguais", ou seja, que têm os mesmos interesses, origens, gostos, preferências semelhantes, há também o risco de impedir encontros com "o outro", com aqueles que são diferentes, que não pertencem ao mesmo grupo de "iguais"; 5) Argumentos apresentados com uma atitude agressiva e negativa: eles se espalham rapidamente, criando um terreno fértil para a violência, o abuso e a distorção. O documento afirma que: "Ao longo das 'rodovias digitais', muitas pessoas são prejudicadas pela divisão e pelo ódio. Não podemos ignorar isso [...] Para humanizar os ambientes digitais, não podemos nos esquecer daqueles que são deixados para trás".

Além dessas armadilhas, há outro grande risco para os missionários da mídia social digital: o da autorreferencialidade. O Papa Francisco fala várias vezes sobre essa "doença" da autorreferencialidade na vida da Igreja. Esse risco vem sendo debatido há muito tempo. Citando um trecho de seu discurso na reunião com os líderes da Conferência Episcopal Italiana para o caminho sinodal, lemos:

> Às vezes, temos a impressão de que as comunidades religiosas, as cúrias e as paróquias ainda são muito autorreferenciais. E a autorreferencialidade é um pouco como a teologia do espelho: eu me olho

> no espelho, coloco maquiagem, arrumo o cabelo? Essa é uma bela doença, uma bela doença que a Igreja tem: autorreferencialidade, minha paróquia, minha classe, meu grupo, minha associação.[38]

Mesmo aqueles que evangelizam nas mídias sociais podem ser contaminados pelo grande mal da autorreferencialidade: deixar de usar a Palavra de Deus, os ensinamentos do Magistério da Igreja, os elementos da espiritualidade cristã católica, o nome de Jesus e a Igreja com o verdadeiro propósito de proclamar os valores do Evangelho, proclamar o nome de Jesus e promover uma cultura de paz, de amor e de fraternidade. Em outras palavras, mostrar um desejo sincero de trabalhar pela salvação integral do ser humano.

Deve-se observar que “as redes sociais online têm uma tentação inerente ao individualismo e ao enaltecimento pessoal”[39]. A exposição na mídia, mesmo na esfera religiosa, é sedutora e se torna um terreno fértil para a autopromoção. Uma clara tendência ao individualismo, ao sucesso pessoal, à autorreferencialidade e ao narcisismo. Nesse sentido, Dario Edoardo Viganò afirmou:

> Costumávamos temer ser observados, vivenciávamos isso como uma espécie de pesadelo, mas hoje queremos ser observados porque tememos ser abandonados, ignorados, negados, excluídos

38 Francesco, *Discorso ai partecipanti all’incontro nazionale dei referenti diocesani del cammino sinodale italiano,* URL: <https://www.vatican.va/content/francesco/it/speeches/2023/may/documents/20230525-incontro-cei.html> (em 01/01/2024).

39 DICASTÉRIO PARA A COMUNICAÇÃO, Rumo à presença plena, n.25.

> [...] O medo de ser revelado é hoje decisivamente superado pelo narcisismo de ser notado.[40]

As mídias sociais nem sempre são boas para a humanidade. Esse "enaltecimento pessoal" de que fala o documento pode afetar aqueles que se apresentam nas redes sociais como evangelizadores digitais, influenciadores católicos, mas que tantas vezes são vítimas da lógica e dos critérios do chamado algoritmo, que é bem diferente da lógica e dos critérios do Evangelho e dos ensinamentos do Magistério.

Para demonstrar a realidade dessa autorreferencialidade no ambiente digital, Giacomo Ruggeri, em seu livro Teologia Digital, que trata especificamente do cultivo da dinâmica digital na relação recíproca entre as pessoas e a Internet, usa o termo *Egoselfie*. Aqui o autor dá o exemplo de um padre, mas o conceito pode ser aplicado a qualquer outro evangelizador digital:

> O conceito é substituído pela escolha, pelo enquadramento, e as palavras são emprestadas de ícones (especialmente do eu). A nova gramática é a do olhar, do rosto, do detalhe focalizado, do zoom no eu. A sociedade está obcecada com a autoexposição em detrimento da autorreflexão, para a qual contribui a produção de selfies por padres nas mídias sociais [...] esse tipo de

40 D. Viganò, *L'illusione di un mondo interconnesso: Relazioni sociali e nuove tecnologie*, EDB, Bologna 2021, p.27-28.

obesidade — que, à primeira vista, só pode ser classificada como prejudicial.[41]

As redes sociais são fascinantes porque oferecem um espaço oportuno para a produção de *selfies*, com uma exibição chamativa do comportamento e dos eventos de cada um, com conteúdo pretensioso e cerimonioso, opiniões, conquistas etc. Uma exibição da vida como espetáculo, mostrada com celebrações, mensagens motivacionais, vidas de oração, postagens, lojas etc. Tudo isso, além de exercer grande poder de manipulação das massas, também pode ser monetizado e comercializado, tornando-se uma fonte de renda financeira. Isso distorce o significado da mensagem, que deve ser influenciada para o benefício de Cristo e de Seu Reino, e não para o benefício de si mesmo e de sua própria vontade. A Igreja nos ensina que:

> Tudo o que fazemos, em palavras e ações, deve ter a marca do testemunho. Não estamos nas mídias sociais para "vender um produto". Não se trata de propaganda, mas de comunicar a vida, a vida que nos foi dada em Cristo. É por isso que todo cristão deve ter o cuidado de não fazer proselitismo, mas de dar testemunho.[42]

O evangelizador digital deve resistir e fugir da tentação do narcisismo e da autorreferencialidade. Eles

---

41 G. Ruggeri, *Teologia digitale: Internet come cultura e pensiero performante nell'insegnamento teologico. Prassi esperienziale.* Collana Capire il nuovo, Il Pozzo di Giacobbe, Trapani 2021. p.139.

42 DICASTÉRIO PARA A COMUNICAÇÃO, Rumo à presença plena, n.77.

devem sempre buscar a iluminação e a orientação do Espírito Santo e serem fiéis ao Magistério da Igreja. Eles devem ter conhecimento e consciência crítica da lógica e dos critérios do algoritmo da mídia social que determina a exibição da mensagem transmitida. É preciso não apenas agir como evangelizador nas mídias sociais, o que é importante e louvável, mas também saber como ser um evangelizador. Prestar atenção à qualidade da mensagem que é anunciada e não se preocupar com o número de visualizações, curtidas, compartilhamentos, alcance e repercussão do conteúdo transmitido nas mídias sociais.

## PODER E RESPONSABILIDADE DOS EVANGELIZADORES DIGITAIS CATÓLICOS

Evangelizar no ambiente digital é um poder que necessariamente deve nos levar a ter um alto grau de consciência e, consequentemente, a assumir grande responsabilidade. Não há dúvida de que a evangelização nas mídias sociais é um meio poderoso de divulgar a palavra e influenciar as pessoas, mas exige muito equilíbrio porque, por meio da Internet, o alcance da mensagem chega ao mundo inteiro muito mais rapidamente. A mídia social tem um imenso alcance global e as mensagens compartilhadas podem atingir milhões de pessoas instantaneamente. Isso significa que as palavras e ações dos evangelizadores digitais podem ter um impacto positivo ou negativo em pessoas de diferentes nações, raças, culturas e crenças.

A Igreja recebeu de Jesus a missão de evangelizar: "Ide por todo o mundo e pregai o Evangelho a toda criatura" (Mc 16,15). Esse mandato não é uma questão de escolha pessoal. Quem é batizado se torna um discípulo-missionário do Mestre Jesus. Ele disse: "O Espírito Santo descerá sobre vocês e lhes dará poder, e vocês serão minhas testemunhas em Jerusalém, em toda a Judéia e Samaria e até os confins da terra" (At 1,8). O Concílio Vaticano II nos ensina: "Toda a Igreja é missionária e o trabalho de evangelização é uma tarefa fundamental do povo de Deus".[43]

A missão da Igreja não ocorre apenas no ato de explorar lugares distantes que nunca viram Jesus e suas Boas Novas. Mas também ocorre no isolamento da vida contemplativa de um mosteiro, como, por exemplo, na vida da padroeira das missões, Santa Teresa do Menino Jesus. A evangelização é a própria vocação da Igreja. São Paulo disse: "Pregar o Evangelho não é uma glória para mim; é uma obrigação imposta a mim. Ai de mim se eu não pregar o Evangelho!" (1Cor 9,16).

Os evangelizadores digitais devem estar cientes de que evangelizar não significa apenas transmitir o conhecimento da fé católica de forma dinâmica e criativa, mas, acima de tudo, significa dar testemunho autêntico de um encontro pessoal com Cristo. Viver na busca da santidade. Tornar-se uma pessoa em quem se pode confiar,

---

43 Ad Gentes, *Decreto sull'attività missionaria della Chiesa,* n.35 <https://www.vatican.va/archive/hist_councils/ii_vatican_council/documents/vat-ii_decree_19651207_ad-gentes_po.html > (na data 29/12/2023).

porque há coerência entre o que se acredita, o que se proclama e o que se vive.

O Papa Paulo VI declarou na *Evangeli nuntiandi* que a evangelização não consiste apenas em transmitir mensagens doutrinárias e morais, mas pressupõe um testemunho autêntico da vida cristã:

> Para a Igreja, o testemunho de uma vida autenticamente cristã, abandonada em Deus em uma comunhão que nada deve interromper, mas igualmente dada ao próximo com zelo ilimitado, é o primeiro meio de evangelização. "O homem contemporâneo escuta mais de bom grado as testemunhas do que os mestres" [...] É, portanto, por meio de sua conduta, de sua vida, que a Igreja evangelizará o mundo em primeiro lugar, ou seja, por meio de seu testemunho vivido de fidelidade ao Senhor Jesus, de pobreza e desapego, de liberdade diante dos poderes deste mundo, em uma palavra, de santidade.[44]

O testemunho de santidade é indispensável para todos os missionários de hoje, incluindo os *evangelizadores digitais*. Há uma grande responsabilidade por parte de quem realiza a missão, e o testemunho de vida é uma condição essencial para que a ação missionária seja verdadeiramente eficaz.

O Papa Bento XVI, como pastor, chama a atenção para a verdadeira honestidade de fé daqueles que

---

44 Paolo VI, *Esortazione Apostolica Evangeli Nuntiandi sull'Evangelizzazione nel mondo contemporaneo,* n. 41.

trabalham nas redes sociais que transmitem os valores da fé cristã, mesmo quando não fala explicitamente sobre isso. Ele enfatiza que uma forma significativa de testemunho cristão é o desejo de se doar aos outros. E é possível e mais proveitoso do que nunca explorar as possibilidades que o ambiente digital oferece para implementar esse testemunho

> A autenticidade dos fiéis nas redes sociais é enfatizada pelo compartilhamento da fonte profunda de sua esperança e alegria: a fé no Deus rico em misericórdia e amor revelado em Cristo Jesus. Esse compartilhamento consiste não apenas na expressão explícita da fé, mas também no testemunho, ou seja, na maneira como se comunicam "escolhas, preferências, julgamentos que são profundamente consistentes com o Evangelho, mesmo quando ele não é dito explicitamente" (Mensagem para o Dia Mundial das Comunicações, 2011). Uma forma particularmente significativa de dar testemunho será a disposição de se doar aos outros por meio da disponibilidade de se envolver com paciência e respeito em suas perguntas e dúvidas, na busca da verdade e do significado da existência humana. O surgimento nas redes sociais do diálogo sobre fé e crença confirma a importância e a relevância da religião no debate público e social.[45]

Aqueles que conseguem ganhar milhares de seguidores nas redes sociais têm um forte poder

---

45 Benedetto XVI, *Messaggio per la 47ª Giornata Mondiale delle Comunicazioni Sociali.* (24 de janeiro de 2013).

de influência na esfera pública. Suas postagens e mensagens, compartilhadas diariamente, podem moldar a opinião pública não apenas sobre questões religiosas, mas também sobre questões sociais e éticas. Os evangelizadores digitais têm o poder de orientar o pensamento e a compreensão das pessoas sobre fé, moral e outras questões muito importantes para a vida humana, como por exemplo, a ecologia, a desigualdade social, guerras etc.

Dependendo *do que fazem* e de *como o fazem*, os evangelizadores digitais podem usar sua influência para ajudar a criar comunidades de fé cristã maduras, mas também podem ser prejudiciais ao disseminar o ódio, a divisão ou a desinformação. Em outras palavras, eles podem se tornar verdadeiros influenciadores, com todos os riscos inerentes. Infelizmente, não é difícil encontrar inúmeros perfis, canais e blogs que se dizem católicos, mas se envolvem em extremismo religioso e proselitista. Eles espalham notícias falsas, tentam desacreditar o Papa Francisco e atraem os indecisos, os céticos e os críticos da Igreja. No número 50 do documento "Rumo à plena presença", essa maneira irresponsável de fazer evangelização digital é destacada:

> Nas encruzilhadas digitais, assim como nos encontros diretos, não é suficiente ser "cristão". Nas redes sociais é possível encontrar muitos perfis ou contas que proclamam um conteúdo religioso, mas não participam em dinâmicas relacionais de modo fiel. Interações hostis, bem como palavras violentas e ofensivas, especialmente no contexto

da partilha de um conteúdo cristão, gritam da tela e representam uma contradição do próprio Evangelho.[46]

Os evangelizadores digitais têm a responsabilidade de promover a unidade e o respeito mútuo, de serem promotores do respeito e do diálogo. Isso implica a capacidade de ouvir, de ter a mente aberta para entender diferentes perspectivas e de responder com empatia, respeito e compreensão, mesmo diante de opiniões divergentes. Aqueles que proclamam a Palavra de Deus e os valores do Evangelho não devem cair no "tribalismo digital". A Igreja ensina:

> Não podemos esquecer a presença dos outros, irmãos e irmãs, pessoas com dignidade, do outro lado destas linhas tribais. Nós "não devemos catalogar os outros, para decidir quem é meu próximo e quem não é. Depende de mim, ser ou não ser próximo — a decisão é minha — depende de mim, ser ou não ser próximo da pessoa com a qual me encontro e que tem necessidade de ajuda, mesmo que seja desconhecida, ou talvez até hostil". Infelizmente, relacionamentos rompidos, conflitos e divisões não são alheios à Igreja. Por exemplo, quando grupos que se apresentam como "católicos" usam sua presença nas redes sociais para fomentar a divisão, não se comportam como uma comunidade cristã deveria fazer.[47]

46 DICASTÉRIO PARA A COMUNICAÇÃO, Rumo à presença plena, n. 50.

47 Idem, *n*.55.

Outra grande responsabilidade do chamado evangelizador digital é combater a desinformação. Em um ambiente no qual os mal-entendidos e as *fake news* estão se tornando frequentes e comuns, os evangelizadores têm a responsabilidade de compartilhar informações verdadeiras, corretas e esclarecedoras, combatendo, assim, a disseminação de notícias falsas que ajudam a promover danos nos ambientes virtuais. Os efeitos da polarização política, do fundamentalismo religioso, do racismo, da misoginia, da homofobia, da xenofobia, do bullying, da chamada *cultura do cancelamento*[48] e do lixo digital são trágicos.

O Papa Francisco, em sua Exortação Apostólica Pós-Sinodal *Christus Vivit*, chama a atenção para o problema da desinformação e o que está por trás dos interesses econômicos do mundo digital e dos danos das notícias falsas. Ele exorta dizendo:

> Não se deve esquecer que gigantescos interesses econômicos operam no mundo digital, capazes de realizar formas de controle tão sutis quanto invasivas, criando mecanismos para manipular consciências e o processo democrático [...] A proliferação de notícias falsas é uma expressão de uma cultura que perdeu o senso de verdade e que dobra os fatos a interesses especiais. A

48 A cultura do cancelamento (*Cancel culture*) é usada para se referir a uma forma moderna de ostracismo, na qual alguém se torna objeto de protestos indignados e, consequentemente, é expulso do debate público: quando aplicada a um contemporâneo, a expulsão ocorre em relação aos círculos sociais ou profissionais que ele ou ela frequenta, seja online nas mídias sociais, no mundo real ou em ambos. URL: < https://it.wikipedia.org/wiki/Cancel_culture > (em 17/04/2024).

reputação das pessoas é posta em risco por meio de julgamentos online sumários. O fenômeno também preocupa a Igreja e seus pastores.[49]

Nas redes sociais, a vida pessoal de quem evangeliza muitas vezes se mistura com o testemunho de fé. E esse testemunho deve refletir autenticidade e coerência com os valores do Evangelho proclamado, porque as pessoas observam e são influenciadas por atitudes e comportamentos e não apenas pelo que foi dito. O influenciador digital católico deve ter uma consciência clara da responsabilidade que vem com o poder de influenciar e da importância de usar esse poder para promover a justiça, a paz, o amor, a bondade, a verdade e a compaixão de acordo com os ensinamentos do evangelho de Jesus Cristo.

A falta de um testemunho autêntico da vida cristã por parte dos evangelizadores digitais pode não apenas prejudicar a verdadeira eficácia da missão de evangelização, mas também resultar em um contratestemunho que pode afastar as pessoas da Igreja e da vida de fé. Quando os professores espirituais não conseguem viver de acordo com os ensinamentos que compartilham em suas redes sociais, isso pode ter várias consequências negativas, como a perda de credibilidade. O público pode facilmente perder a confiança nos evangelizadores se perceber inconsistências entre o que eles estão pregando e seu estilo de vida real. Isso pode levá-los a desconfiar das mensagens compartilhadas e a não os considerar confiáveis ou dignos de confiança.

---

49 Francisco, Exortação Apostólica pós-sinodal *Christus vivit,* aos jovens e a todo o Povo de Deus, n. 89.

Outra consequência grave desse contratestemunho é o escândalo e a desilusão com o sagrado: o comportamento inconsistente e às vezes hipócrita dos evangelizadores digitais pode escandalizar e decepcionar as pessoas, especialmente aquelas que estão sinceramente buscando orientação espiritual, aprofundamento e crescimento na vida de fé. Isso pode criar uma imagem negativa da fé cristã e da Igreja.

Isso pode resultar em desmoralização, descrédito e, consequentemente, repulsa e afastamento das pessoas dos ambientes sagrados e de suas práticas religiosas. Pois quando as pessoas testemunham uma vida que não é consistente com os valores que são pregados, elas correm o sério risco de ver sua distância da fé e da comunidade cristãs aumentar ainda mais. Tudo isso pode afastar as pessoas em vez de aproximá-las de Deus.

Um missionário digital que prega, mas não tenta viver o que ensina, gera um comportamento contraditório que pode levar a uma interpretação errônea dos ensinamentos da fé anunciada. As pessoas podem associar as ações dos evangelizadores à própria mensagem religiosa, distorcendo assim o verdadeiro entendimento da fé cristã. Portanto, é essencial que os evangelizadores digitais estejam realmente cientes do poder e da responsabilidade que têm em influenciar as consciências e que façam isso como um serviço em nome de Cristo e da Igreja.

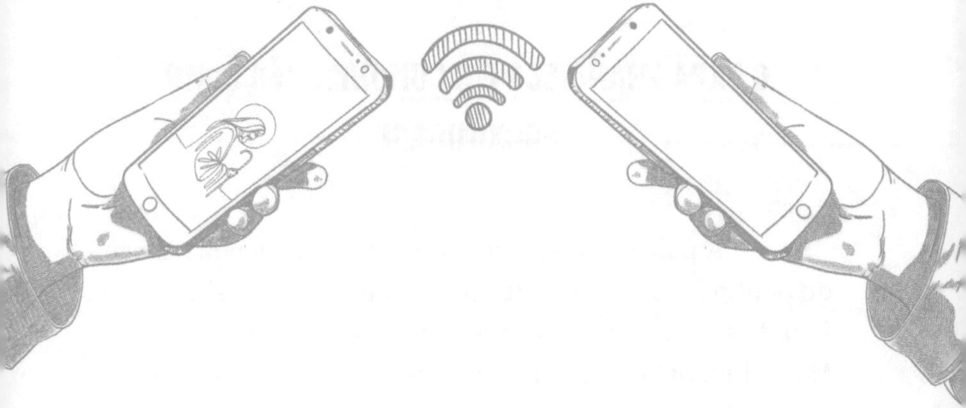

# 2

# PROXIMIDADE: QUEM É O MEU PRÓXIMO NAS REDES SOCIAIS?

# O PAPA FRANCISCO E A COMUNICAÇÃO COMO PROXIMIDADE

A palavra proximidade é uma das palavras-chave do pontificado do Papa Francisco. Antes de ser eleito Sumo Pontífice e de iniciar o seu ministério pontifício, Jorge Mario Bergoglio, quando ainda era cardeal na Argentina, demonstrou com gestos e palavras que, tal como o Bom Samaritano da parábola, a comunicação correta é o serviço e o servir aos outros, especialmente aos mais necessitados. Significa derrubar os muros da indiferença, do fechamento e do individualismo e, de fato, tornar-se vizinho dos mais necessitados.

No Congresso de Comunicadores organizado pela Conferência Episcopal Argentina em 2002, Bergoglio falou sobre a importância das redes sociais como meio de criar cultura. O Congresso sublinhou o papel das redes sociais na função de gerar proximidade, promovendo assim a dignidade humana ao comunicar a beleza da caridade na verdade. Bergoglio expressou-se da seguinte forma:

> Atualmente, as redes sociais são os principais instrumentos de criação de cultura. Graças às redes sociais, os comunicadores chegam a um público enorme. Gosto de classificar este poder da mídia como proximidade. O seu poder reside na capacidade de abordar e influenciar a vida das pessoas com a mesma linguagem globalizada e simultânea [...] Hoje existe uma "maioria invisível" de pessoas marginalizadas na berma da estrada,

> espancadas e roubadas, perante as quais os meios de comunicação social passam [...] Aproximar-se significa comunicar a beleza da caridade na verdade. Quando a verdade é dolorosa e o bem difícil de alcançar, a beleza está nesse amor que partilha a dor com respeito e dignidade. Contra todo o sensacionalismo, há um modo digno de mostrar a dor que salva os valores e as reservas espirituais de um povo e ajuda a vencer o mal com o bem, a trabalhar juntos na vontade de vencer, na solidariedade, naquela proximidade que nos torna grandes, abertos a verdade e ao bem.[50]

Segundo o Papa Francisco, a imagem do Bom Samaritano do Evangelho de Lucas é o modelo perfeito de um comunicador, mesmo para aqueles que estão ocupados a proclamar a palavra de Deus nas redes sociais a quem vive ferido e maltratado nas autoestradas digitais.

Os escritos, os discursos e as homilias do Papa Francisco são notáveis e significativos, mas também o é a sua capacidade de se fazer próximo através de um olhar expressivo, de um abraço, de um beijo, de um aperto de mão, ou mesmo de um simples aceno aos fiéis, de um gesto de afeto etc. Tudo isto exprime de forma coerente a imagem bíblica do Bom Samaritano que se faz próximo. Isto revela a sua personalidade empática. Os seus gestos traduzem de forma objetiva, simples e clara a essência do Evangelho, que é o amor, e que ele procura sempre comunicar com

---

50 J.M. Bergoglio, *Comunicador:¿quién es tu prójimo?* | ZENIT - Espanol Quién es tu prójimo? URL: < https://es.zenit.org/2015/12/02/jorge-mario-bergoglio-comunicador-quien-es-tu-projimo / > (em 04/03/2024). [tradução minha].

alegria, mesmo quando aceita tirar uma *selfie* com alguém ou gravar pequenos vídeos para as redes sociais.

> O Papa Francisco mudou o estilo comunicativo do papado. Ele quer instantaneidade, espontaneidade, sinceridade, convicção. A sua comunicação é global. Fala indiscriminadamente a toda a gente. Não tem preferências, porque todos precisam da sua palavra, que se transforma em mensagem. Na comunicação, o Papa Francisco renuncia aos intermediários. Ele próprio comunica com os seus gestos, a sua espontaneidade, a sua instantaneidade. A sua mensagem é universal e dirige-se sobretudo às periferias existenciais do mundo.[51]

Com a publicação da exortação apostólica *Evangelii gaudium*, Francisco motiva toda a Igreja a uma conversão pastoral e a um renovado zelo missionário. Convida-nos a sair de uma forma nova e transformadora para as periferias geográficas e existenciais com a intenção de anunciar Jesus e dar a conhecer a sua mensagem. É assim que o pontífice exprime o seu sonho missionário:

> Sonho com uma escolha missionária capaz de transformar tudo, de modo que os costumes, os estilos, os horários, a língua e cada estrutura eclesial se tornem um canal adequado para a evangelização do mundo de hoje, mais do que para a autopreservação [...] que a pastoral ordinária, em todas as suas instâncias, seja mais expansiva

---

51 D.E. Viganò. Irmãos e irmãs, Boa noite! O Papa Francisco e a nova comunicação da Igreja, Editora Vozes, Petrópolis, 2017, *p*. 07.

> e aberta, que coloque os agentes pastorais em constante atitude de "saída" e favoreça assim a resposta positiva de todos aqueles a quem Jesus oferece a sua amizade.[52]

Para que este modelo pastoral se torne uma realidade, Francisco exorta a Igreja a ser mais ousada, criativa e dinâmica na sua ação evangelizadora. As redes sociais são um espaço útil e favorável para dar um renovado impulso missionário. Para isso, é necessário abandonar modelos de comportamento fechados e limitadores, que se revelaram úteis num determinado momento da história da Igreja, mas que hoje já não correspondem e não ajudam a encontrar caminhos para resolver os grandes desafios pastorais do nosso tempo. Algo fundamental neste novo modo de evangelizar é a proximidade, a união e a comunhão eclesial. Diz o Papa:

> A pastoral em chave missionária exige o abandono do cômodo critério pastoral do "sempre se fez assim". Convido todos a serem audazes e criativos nesta tarefa de repensar os objetivos, as estruturas, o estilo e os métodos evangelizadores das suas comunidades [...] O importante é não caminhar sozinhos, contando sempre com os irmãos e sobretudo com a orientação dos Bispos, num discernimento pastoral sábio e realista.[53]

---

52 Francisco, Exortação Apostólica *Evangelli Gaudium* sobre o anúncio do Evangelho no mundo de hoje (24 de novembro de 2013), n. 27.

53 Francisco, *Exortação Apostólica Evangelli Gaudium, n.* 33.

Durante a viagem do Papa Francisco ao Brasil, por ocasião da Jornada Mundial da Juventude no Rio de Janeiro em 2013, ele concedeu uma entrevista exclusiva durante o programa *Fantástico,* transmitido pela emissora de televisão Rede Globo. Durante a entrevista, o jornalista *da Globonews* Gerson Camarotti, questionou o Papa sobre o fenômeno da migração de muitos católicos para as igrejas evangélicas. O Sumo Pontífice respondeu falando sobre o distanciamento da Igreja em relação aos seus fiéis e a necessidade de uma maior proximidade pastoral:

> Não saberia como explicar este fenômeno. Tenho uma hipótese. Para mim, a proximidade da Igreja é fundamental. Porque a Igreja é uma mãe, e nem você nem eu conhecemos uma mãe por correspondência. As mães dão afeto, tocam, beijam, amam. Quando a Igreja, ocupada com mil coisas, descuida desta proximidade, descuida, isto é, só comunica com documentos, é como uma mãe que comunica com o seu filho por carta. Não sei se foi isso que aconteceu no Brasil. Não sei, mas sei que em alguns lugares da Argentina que eu conheço, aconteceu isso [...] uma falta de proximidade.[54]

A comunicação do Evangelho exige a proximidade física e não apenas o envio de mensagens, cartas e documentos. As exortações apostólicas, as encíclicas, os discursos, as homilias e outras mensagens papais

---

54 Camarotti, Gerson. Fantástico exibe entrevista exclusiva com Papa Francisco, em URL: < https://globoplay.globo.com /v/2720740/. (datado de 06/03/2024). [tradução minha].

promulgadas por escrito, como é prática oficial, nem sempre conseguem despertar o interesse e chegar a todos os membros da Igreja e para além dela. Quando a palavra se torna gesto, a mensagem parece chegar mais rápida e eficazmente aos corações, convencendo mais intensamente os destinatários. No caso de a distância física não permitir o contato físico efetivo, então ele se torna possível na esfera digital através das redes sociais entendidas como um lugar de troca social e de encontro, como foi amplamente experimentado durante o período da pandemia de COVID-19.

O conceito de proximidade é complexo e pode ser abordado e analisado de várias formas, como aponta o documento "Rumo à presença plena" e aprofunda a reflexão ao mostrar a dificuldade de estar próximo na esfera digital. Isso porque, na mesma proporção em que é possível se relacionar e interagir com pessoas reais, pode haver interações com programas de inteligência artificial que são capazes de simular ações humanas como se fossem reais:

> Nas redes sociais, a proximidade é um conceito complexo. O "próximo" nas redes sociais é claramente a pessoa com quem mantemos contato. Ao mesmo tempo, o nosso próximo é também, muitas vezes, quem não podemos ver, quer porque as plataformas nos impedem de o fazer, quer porque simplesmente não está presente. Os ambientes digitais são também partilhados por outros participantes, como os "*bots* da Internet" e os "*deepfakes*", programas

> informáticos automatizados que operam em linha com tarefas atribuídas, muitas vezes simulando ações humanas ou recolhendo dados.[55]

O Papa Francisco está consciente dos grandes benefícios, mas também dos possíveis danos que a inteligência artificial pode causar se não for utilizada corretamente. Em vez de aproximar povos, línguas e nações, em vez de promover a dignidade humana, o bem comum, a justiça, o amor e a paz, pode tornar-se uma grande arma de manipulação, destruição e guerra.

Na sua mensagem para o 57º Dia Mundial da Paz, o Papa fala de inteligência artificial e de paz. É assim que o Santo Padre exorta os fiéis:

> A inteligência artificial deve, portanto, ser entendida como uma galáxia de realidades diferentes e não podemos assumir a priori que o seu desenvolvimento contribuirá de forma benéfica para o futuro da humanidade e para a paz entre os povos. Este resultado positivo só será possível se nos mostrarmos capazes de atuar de forma responsável e de respeitar os valores humanos fundamentais como "a inclusão, a transparência, a segurança, a equidade, a confidencialidade e a fiabilidade" [...] A dignidade inerente a cada pessoa e a fraternidade que nos une como membros da única família humana devem estar na base do desenvolvimento das novas tecnologias e servir

55 Dicastério para a Comunicação, Rumo a uma presença plena, n.º 42.

> de critérios indiscutíveis para as avaliar antes da sua utilização, para que o progresso digital se processe no respeito da justiça e contribua para a causa da paz. Os desenvolvimentos tecnológicos que não conduzam a uma melhoria da qualidade de vida de toda a humanidade, mas que, pelo contrário, agravem as desigualdades e os conflitos, nunca poderão ser considerados um verdadeiro progresso.[56]

Dentro da cultura digital, o uso da inteligência artificial é algo que cada vez mais ocupa espaço no cotidiano de muitos usuários das redes sociais, influenciando diretamente no seu modo de viver e se relacionar. Este pode ser um fator positivo e eficaz, uma vez que já existem inúmeras aplicações e sites que ajudam significativamente os fiéis a conhecerem e a aprofundarem os conteúdos da vida cristã. São muitas as pessoas que diariamente recorrem à Internet para pôr em prática e concretizar a sua vida, seguindo os comentários evangélicos do dia, vivendo momentos de formação e catequese, participando em campanhas de solidariedade etc. Uma proximidade cristã compassiva que, pouco a pouco, gera unidade, fraternidade, justiça, paz e amor. Um compromisso que o Papa Francisco tantas vezes e com tanta força nos exortou a assumir.

---

56 Francisco, mensagem para o 57.º Dia Mundial da Paz. Inteligência artificial e paz (1 de janeiro de 2024).

## A PROXIMIDADE ONLINE E A COMPAIXÃO CRISTÃ

A reflexão sobre a proximidade e a prática da compaixão cristã no ambiente digital através das redes sociais são questões muito delicadas que devem ser objeto de uma reflexão cuidadosa. Hoje, as redes sociais não são apenas uma oportunidade para passar o tempo, uma forma de se distrair navegando constantemente nos mares desconhecidos do ambiente digital, mas é um lugar para criar relações, aprofundar e exercer a missão que o Mestre Jesus confiou aos seus discípulos. Podem ser uma oportunidade adicional e muito valiosa para pôr em prática os valores cristãos, incluindo a compaixão por aqueles que sofrem do outro lado da tela.

O Cardeal Gianfranco Ravasi, no livro O Alfabeto de Deus, explica o significado da palavra grega ἐλεέω (*Eleéô*) que significa: ter piedade, misericórdia, compaixão. No Novo Testamento aparece 29 vezes e o substantivo eleêmosýnê, que dá origem à palavra esmola, aparece 13 vezes. Este termo assume uma importância especial no pontificado de São João Paulo II e do Papa Francisco. A prática da misericórdia não é apenas um movimento de Deus em direção aos homens, mas deve também ser orientada do homem para com o seu próximo. O Cardeal Ravasi escreve:

> E como não recordar a frase repetida três vezes que, no capítulo XXI de *Promessi Sposi (Os Noivos),* Manzoni põe nos lábios de Lúcia perante o Inominável: “Deus perdoa tantas coisas, por uma

> obra de misericórdia! Misericórdia compaixão, ternura, perdão: é uma constelação de virtudes que acompanham a misericórdia. A esta luz, compreende-se a bela definição que São Paulo dá ao Pai Celeste: "Deus rico em misericórdia (éleos)" (Ef 2,4), enquanto na Carta aos Hebreus é Cristo que é descrito como "sumo sacerdote misericordioso (eleémôn)" (2,17). E, embora com um sinônimo grego diferente, o tema aplica-se também aos cristãos: "Sede misericordiosos, como o vosso Pai é misericordioso". (Lc 6,36).[57]

No documento "Rumo à Presença Plena", no número 26, sublinha-se que, tal como o Bom Samaritano, com o seu ato de compaixão, quebrou as barreiras que existiam entre judeus e samaritanos, a presença nas redes sociais deve ser um lugar para quebrar barreiras conflituosas com o poder da misericórdia e da empatia. Com o convite a considerar a outra pessoa que está a sofrer do outro lado da tela, não como um mero número, mas como alguém que precisa de ajuda:

> O homem espancado e deixado para morrer foi ajudado pela pessoa menos indicada: no tempo de Jesus, os judeus e os samaritanos estavam frequentemente em conflito. No mínimo, o comportamento esperado teria sido a hostilidade. O samaritano, porém, não vê o homem espancado como "outro", mas simplesmente como alguém que precisa de ajuda. Sentiu compaixão, colocando-se no lugar do outro; e deu-se a si próprio, o seu

57 G.Ravasi, *L'alfabeto di Dio*, Edizioni San Paolo - Milano, 2023, p. 218.

> tempo e os seus recursos para ouvir e acompanhar a pessoa que encontrava.[58]

De acordo com o documento, um dos elementos essenciais para promover a cultura da proximidade nas redes sociais é a compaixão cristã. Inspirando-se na parábola do Bom Samaritano, o documento mostra que, mesmo nos ambientes digitais, é possível ter encontros profundos e significativos, e que a compaixão cristã não consiste apenas em olhar para o outro como alguém necessitado, mas também, e sobretudo, como parte de nós próprios.

> A parábola pode inspirar relações nas redes sociais porque mostra a possibilidade de um encontro profundamente significativo entre dois completos estranhos. O samaritano rompe a "fratura social": ultrapassa as fronteiras do acordo e do desacordo. Enquanto o sacerdote e o levita passam pelo homem ferido, o viajante samaritano vê-o e tem compaixão (cf. Lc 10,33). Compaixão significa sentir que o outro é uma parte de mim. O samaritano escuta a história do homem, aproxima-se dele porque é tocado a partir do seu interior.[59]

O Pregador Pontifício, Cardeal Raniero Cantalamessa, na sua terceira homilia do Advento de 2022, intitulada "A Porta da Caridade", dirigindo-se ao Santo Padre, o Papa Francisco, aos Cardeais, Bispos e outros ouvintes, sublinha a prática da caridade como caminho de salvação que

58 Dicastério para a Comunicação, Rumo a uma presença plena, n. 26.

59 D icastério para a Comunicação, Rumo a uma presença plena, n. 27.

supera o perigo da desumanização. O Cardeal Capuchinho deu um testemunho pessoal sobre questões relacionadas com as novas tecnologias, a inteligência artificial e a prática da caridade, a compaixão cristã. Eis as suas palavras:

> Há alguns anos, participei num debate público em Londres. O moderador colocou uma série de questões a vários teólogos, incluindo um professor de teologia da universidade americana de Yale, um Bispo anglicano e teólogo, e eu próprio. A questão crucial era a seguinte. Depois de ter substituído as capacidades operacionais do homem por robôs, a tecnologia está agora à beira de substituir também as suas capacidades mentais por inteligência artificial. O que resta, então, da natureza própria e exclusiva do ser humano? Haverá ainda uma razão para o considerar à parte no universo? Continua a ser indispensável, ou não é antes prejudicial, por natureza? Quando chegou a minha vez de responder, no meu inglês pobre e atrofiado, acrescentei uma simples reflexão. Estamos a trabalhar, disse eu, num computador que pensa: mas será que podemos imaginar um computador que ama, que sente as nossas dores e se alegra com as nossas alegrias? Podemos conceber uma inteligência artificial: mas será que podemos conceber um amor artificial? Talvez seja então precisamente aqui que devemos situar o específico do humano e o seu atributo inalienável.[60]

60 R.Cantalamessa, A Porta da Caridade - Sermão do Terceiro Advento 2022 < https://www.cantalamessa.org /?p=4052 > (em 07/03/2024).

É possível ter um "computador amoroso" ou um "amor artificial"? Essa é uma questão multifacetada. A tendência é para dar uma resposta negativa porque esses sentimentos são uma caraterística específica do ser humano. A capacidade de praticar a caridade como um ato de fé, o ato de sentir compaixão e de se aproximar dos que sofrem são modos de comportamento humano e devem ser humanamente intencionais e não simplesmente programados tecnologicamente através de um sistema de inteligência artificial. O documento, no número 29, ensina-nos que "estender a mão no ambiente das redes sociais requer intencionalidade. E tudo começa com a capacidade de ouvir bem, de se deixar comover pela realidade do outro".[61]

Mesmo com o uso das redes sociais, para que isso aconteça, essa relação deve ser de compaixão, deve ser de coração para coração e não entre um coração humano e um robô. "Não é saudável confundir comunicação com um mero contato virtual. A verdadeira comunicação não pode terminar num mero contato virtual".[62]

No ambiente das redes sociais, é possível encontrar inúmeros tipos de grupos e personalidades com diferentes interesses. Entre eles estão aqueles que buscam no ambiente digital um lugar de apoio para superar doenças, sofrimentos psicológicos e angústias existenciais. Muitas vezes, esse tipo de utilizadores encontra nesses círculos e comunidades virtuais pessoas com quem se identificam,

---

61 Dicastério para a Comunicação, Rumo a uma presença plena, n.º 29.

62 G. Ruggeri (ed.) *Nel nome di Internet: Pastorale e discernimento nel digitale*, Il pozzo di Giacobbe - Trapani, 2023, p.19.

pois também elas sofrem das mesmas dores e sofrimentos. Desta forma, criam uma rede de apoio, confiança, partilha e entreajuda. No entanto, essas mesmas pessoas, que sofreram ou estão sofrendo, podem também deparar-se com situações potencialmente perigosas ao frequentarem o espaço digital:

> Aqueles que procuram companhia, especialmente os marginalizados, recorrem frequentemente aos espaços digitais para encontrar comunidade, inclusão e solidariedade com os outros. Embora muitos tenham encontrado conforto na ligação com outros no espaço digital, alguns consideram-no inadequado. Podemos não ser capazes de criar um espaço para aqueles que procuram entrar em diálogo e encontrar apoio sem enfrentar atitudes de julgamento ou desconfiança.[63]

Os evangelizadores digitais encontram neste contexto um ambiente propício para semear os valores do Evangelho e da vida cristã, oferecendo interesse, proximidade, apoio, afeto, respeito e caridade. Para além de cumprirem a missão confiada por Jesus, dão o seu contributo para que nestes grupos não se corra o risco de cair em posições polarizadas, criando assim o chamado "tribalismo digital", que reforça atitudes de rivalidade e violência:

> Por vezes, as comunidades em linha formam-se quando as pessoas encontram um terreno comum

63 Dicastério para a Comunicação, Rumo a uma presença plena, n.º 54

> ao juntarem-se contra um "outro" externo, um inimigo ideológico comum. Este tipo de polarização produz um "tribalismo digital" em que os grupos se opõem aos outros num espírito de oposição [...] "Não temos de catalogar os outros para decidir quem é meu vizinho e quem não é. Cabe-me ser ou não ser um vizinho — a decisão é minha — cabe-me a mim ser ou não ser um vizinho. Cabe-me a mim ser ou não ser um vizinho — a decisão é minha — cabe-me a mim ser ou não ser um vizinho da pessoa que encontro e que precisa de ajuda, mesmo que seja um estranho ou talvez hostil".[64]

O Papa Francisco, no seu ministério de pastor fortemente empenhado como evangelizador, está bem consciente de que estar perto dos que sofrem para praticar a caridade com compaixão é algo que exige muito empenho. Ele interroga se os missionários são capazes de exercer a compaixão. Porque ser compassivo segundo os princípios de Cristo é algo que requer amor, zelo, tempo, vontade, e isso consequentemente gera cansaço. Mas o Pontífice vê este cansaço da proximidade como algo de bom e profético face a uma sociedade caracterizada pelo egoísmo e pela indiferença. O Papa disse:

> Não podemos correr atrás do que resulta em benefícios pessoais; em vez disso, o nosso cansaço deve estar relacionado com a nossa capacidade de compaixão. Tenho capacidade de compaixão? Estes são compromissos em que o nosso coração

---

64 Dicastério para a Comunicação, Rumo a uma presença plena, n.º 55.

> é "movido" e comovido. Irmãos e irmãs, a Igreja apela à capacidade de compaixão. Capacidade de compaixão [...] A proximidade com o povo santo de Deus. A proximidade cansa. É bom encontrar, um padre, uma freira, um catequista [...] cansados da proximidade. [65]

O ato de sentir compaixão, de se aproximar e exercer efetivamente obras de misericórdia para se opor à cultura do descarte, do individualismo e da indiferença é algo que exige um compromisso de vida e de doação. No mundo digital, a comunidade cristã é motivada a dar o primeiro passo em direção a todos aqueles que precisam reconhecer a sua dignidade de imagem e semelhança de Deus, redescobrindo assim a autoestima. Dom Paolo Asolan, no seu livro "Sete lições sobre a caridade", falando especificamente sobre a caridade, o pós-humanismo e as novas tecnologias, escreve:

> A técnica permanece boa quando ajuda o homem a ser ele mesmo; torna-se fonte de isolamento e de falta de liberdade quando procura substituir e aumentar arbitrariamente um desejo, uma necessidade humana, em detrimento da sua identidade integral [...] Como dizia *a Gaudium et Spes* 24, o homem não pode encontrar-se "plenamente a não ser através de um dom sincero de si mesmo". Este dom sincero de si não acontece sem passar tempo com a outra

65 Francisco, Escutar para servir: discursos sobre a vida consagrada. Apresentação do Cardeal João Braz de Aviz e do ArceBispo José Rodrígues Carballo. Libreria Editrice Vaticana, Cidade do Vaticano, 2023, p.536.

> pessoa, sem ouvir a sua voz, sem uma visita, sem partilhar momentos, sem falar em profundidade sobre algo importante.[66]

Realizar um trabalho de evangelização no ambiente digital, nomeadamente nas redes sociais, requer dois elementos importantes: o primeiro é ter competências essenciais em matéria de redes sociais. "Quando se fala de pastoral digital, a tônica recai sobre a web e as redes sociais. Mas habitar o continente digital é também saber fazer uso da *Internet das Coisas*, uma espécie de extensão da Rede feita de dispositivos inteligentes equipados com sensores que comunicam com outros dispositivos".[67]

Para não cair ingenuamente nas armadilhas do mundo virtual, é necessário conhecer o mínimo sobre o mundo digital. Informe-se bem sobre a rede social que vai utilizar no que diz respeito ao aspeto funcional e às características, como as diretrizes que gerem a política da aplicação utilizada. O segundo elemento é a consciência pessoal do empenhamento da pessoa que está disposta a levar a cabo esta missão. Pois é ele que será o responsável direto pela união da tecnologia e da espiritualidade.

Antonio Spadaro, sacerdote jesuíta e especialista no estudo da comunicação social, que combina o conhecimento teológico com o conceito de *Cybercultura*, escreveu um artigo intitulado "O anúncio da Fé na Cultura Digital", no

---

66 P. Asolan, *Sete Lezioni sulla Carità,* Editrice San Liberale - Treviso, 2017, p.121.

67 F.Ammendolia - R.Petricca, *Chiesa e Pastorale digitale: In uscita verso una società 5.0.* Collana Capire il nuovo, Trapani, Il Pozzo di Giacobbe, 2023, 66.

qual discute o significado espiritual da tecnologia digital e o papel do cristão neste contexto. Diz Spadaro:

> A tecnologia exprime, portanto, a capacidade do homem de organizar a matéria num projeto de valor espiritual [...] O cristão é, portanto, chamado a compreender a natureza profunda, a própria vocação das tecnologias digitais em relação à vida do espírito. Obviamente, a tecnologia é ambígua, porque a liberdade humana pode ser usada para o mal, mas esta possibilidade realça a sua natureza relacionada com a vida espiritual [...] A tecnologia torna-se um dos meios comuns de que o homem dispõe para exprimir a sua espiritualidade natural [...] Parte da nossa vida é digital. Assim, uma parte da nossa vida de fé é também digital, vivendo no ambiente digital.[68]

Desempenhando um papel importante no caminho da vida de fé no mundo digital, é fundamental que os evangelizadores digitais ocupem este espaço que lhes é dado com uma presença significativamente cristã. Não devem estar demasiado preocupados com o número de visualizações, gostos, partilhas, envolvimento, ou com a relevância do seu desempenho técnico nos conteúdos que publicam. Que a sua intenção viva e sincera seja, acima de tudo, ser como o Bom Samaritano do Evangelho que, vendo um moribundo deitado na berma da estrada, e sentindo compaixão, se aproxima dele e usa de misericórdia.

---

68 A.Spadaro, *L'annuncio della fede nella cultura digitale in M. Padula* (ed.) *La fede comunicada: Riflessioni teologico-pastoral,* Collana Strumenti. Imprensa da Universidade Lateranense - Cidade do Vaticano, 2013, p. 50-53.

Nas autoestradas digitais, esta deve ser a missão do evangelizador digital.

## UMA PRESENÇA PLENA DE PROXIMIDADE CRISTÃ

Partindo do documento "Rumo à presença plena", perguntamo-nos o que significa concretamente ser uma presença plena no ambiente digital. O que é que torna possível e o que é que torna difícil esta presença plena de proximidade cristã nas redes sociais. Um pré-requisito necessário para responder a estas questões é ter consciência de que "do outro lado da tela não há números", nem meros "agregados de indivíduos", mas pessoas com histórias, sonhos, expectativas, sofrimentos. Há um nome e um rosto".[69]

Partindo da consciência de que no ambiente digital encontramos pessoas e não apenas números, a presença cristã não pode ser parcial, fragmentada, indiferente e superficial, mas deve ser inteira, plena. Ou seja, deve ter intenções corretas e um desejo sincero de encontro. Deve haver, de fato, naqueles que desempenham a missão de evangelizar nas redes sociais, a responsabilidade de estarem próximos uns dos outros num espírito de união, fraternidade e comunhão cristã. O outro, aquele que está do outro lado da tela, é alguém que deve ser percebido, ouvido, acolhido e amado. Nem todas as pessoas, mas os chamados *nativos digitais* já consideram a presença virtual

69 Dicastério para a Comunicação, Rumo a uma presença plena, n.º 47.

como algo natural e uma forma de presença importante e significativa.

> As relações cara a cara continuam a ser fundamentais, mas para os nativos digitais, as relações em linha tornaram-se uma segunda natureza, tanto como a proximidade física. Para a geração digital, uma rede social é como um bar ou uma sala de estar onde se pode encontrar amigos a qualquer hora do dia. São lugares de encontro, no sentido mais profundo da palavra, porque partilham ideias, sentimentos e atitudes. Aí partilham a vida e constroem a sua identidade. [70]

A facilidade de acesso às novas tecnologias e o processo de crescimento dos media favorecem potencialmente a atratividade e a interatividade nos ambientes digitais. Se no passado eram a rádio, a televisão e os jornais que mais influenciavam as pessoas, atualmente são a web e as redes sociais. É evidente que as novas tecnologias de comunicação marcam a chegada de um novo tempo e de um novo espaço de convivência humana. Computadores, *smartphones, tablets* tornaram-se onipresentes na vida cotidiana das pessoas.

Estamos imersos num mundo híbrido *(onlife),* que transita entre o virtual e o real, o físico e o digital, entre várias dimensões e ligações inter-humanas-digitais. Hoje, não é possível determinar com precisão o que é média e o

---

70 D. Zanon, Panorama Histórico do magistério da Igreja sobre a comunicação, Coleção Ecclesias Digitalis, Paulus, São Paulo, 2021, p.100. [Tradução minha].

que não é, não é possível definir quando entramos numa situação média e quando saímos dela, quando estamos online ou offline, porque os media são onipresentes. O digital redefiniu a relação homem-meios, tal como redefiniu o conceito de presença e participação.[71]

Nessa realidade *onlife* em que nos encontramos, combinando vida real-virtual, *online* e *offline,* essas dimensões passam a coexistir, a se construir, a se influenciar e a se comunicar de tal forma que parecem o mesmo ambiente, duas faces da mesma moeda. Segundo Darlei Zanon, "hoje seria mais adequado falar em experiência real imediata (de relacionamentos, treinamentos, reuniões, negócios etc.) e experiência real mediada (pela tecnologia). Os conceitos de 'real' e 'presença' são reconfigurados. No mundo digital, uma experiência é uma certa sensação de que é também real e presencial".[72]

No seu livro "E o Verbo se fez rede", o autor Moisés Sbardelotto, analisa o conceito de "contrarreforma digital" exposto pelo arceBispo Claúdio Maria Celli (que foi presidente do Pontifício Conselho para as Comunicações Sociais da Santa Sé), e destaca especialmente os seus aspectos relativos à evangelização nas redes sociais:

> Não é uma leitura ingênua [que a Igreja Católica faz] do que está a acontecer nas redes sociais. Estamos todos convencidos das limitações, dos perigos das redes sociais. Mas o Papa Francisco

71 D. Zanon, Panorama Histórico do magistério da Igreja sobre a comunicação, p.90-91. [Tradução minha].

72 *Ibid.* p.82-83. [Tradução minha].

> disse: "Não tenhais medo", como Jesus disse aos discípulos, mas isso também tem a ver com as redes sociais. A nossa reflexão é a seguinte: consideramos a rede social como um ambiente vivo em que vivem milhões e milhões de pessoas. E a Igreja tem consciência de que deve anunciar o Evangelho também a esses milhões de pessoas, àqueles que vivem no continente digital. Esta é uma consciência que já está possuída, ou seja, o Magistério da Igreja já a recebeu, e é uma realidade. Isto é muito importante para nós. Portanto, em relação a isto, não há volta a dar. A ideia é: testemunhar no contexto das redes sociais — o Papa diz que o problema não é bombardear as redes sociais com mensagens religiosas. É toda uma visão do que significa anunciar o Evangelho. [...] Ou seja, uma comunicação que não é apenas um anúncio, mas uma comunicação que vai ao encontro do homem, percebe os problemas que o homem tem e começa a encarregar-se deles. E isso é um grande desafio [73] (informação verbal transcrita pela autora, Vaticano, 03 de julho de 2015).

A evangelização em ambientes digitais deve estar ao serviço do bem integral da humanidade. Hoje, com um clique, é possível entrar na imensidão do mundo digital e alcançar realidades que antes pareciam inalcançáveis. Através de aplicações de tradução de línguas, torna-se

73 M. Sbardelotto, E a palavra se tornou rede. A religiosidade em reconstrução no ambiente digital, Paulinas - São Paulo, 2017, p.56-57. [Tradução minha].

possível conhecer e conversar, fazer vídeo chamadas com pessoas de diferentes partes do mundo *em linha*. Esta é uma grande conquista da capacidade criativa da inteligência humana para o melhoramento e a transformação do mundo. O Papa Bento XVI reiterou:

> As novas tecnologias da comunicação exigem ser postas ao serviço do bem integral da pessoa e da humanidade no seu conjunto. Utilizadas com sabedoria, podem ajudar a satisfazer o desejo de sentido, de verdade e de unidade que continua a ser a aspiração mais profunda do ser humano.[74]

A missão no ambiente digital é também um grande desafio. O que leva necessariamente a questionar se o avanço tecnológico para uma aproximação entre as pessoas, para uma comunicação mais humanizada, está realmente a ajudar a criar verdadeiros laços de amizade, fraternidade, comunhão, companheirismo ou, pelo contrário, está a gerar relações superficiais, egoístas e violentas: "As plataformas que prometem criar comunidade e aproximar o mundo, pelo contrário, aprofundaram várias formas de divisão."[75]

Alessandra Turrisi e Angela Biscaldi, falando especificamente do crescimento progressivo da comunicação digital e das suas vantagens e riscos, sublinham o fato de a revolução digital gerar como efeitos secundários a pressa de obter resultados e respostas, a necessidade de instantaneidade e de imediatismo na resposta às nossas perguntas

---

74 Bento XVI, Mensagem para o 47° Dia Mundial das Comunicações Sociais (24 de janeiro de 2013).

75 Dicastério para a Comunicação, Rumo a uma presença plena, n.° 12.

e pesquisas efetuadas na Web, ou seja, uma aceleração do modo de viver e de nos relacionarmos.

> Na sociedade digital, tudo é consumido apressadamente na procura de gratificação imediata, num contexto de hiperestimulação que corre o risco de provocar, paradoxalmente, um afastamento da memória cultural, devido à concentração obsessiva no bem-estar do presente e à incapacidade de orientar e hierarquizar a informação recebida [...] o indivíduo contemporâneo já não se reconhece numa comunidade, mas tende a pertencer a uma multiplicidade de redes sociais independentes, em cada uma das quais pode exprimir um aspeto particular da sua identidade.[76]

Este comportamento egoísta, narcisista e capcioso nas redes sociais é o que o documento denuncia como armadilhas que devem ser evitadas na autoestrada digital. E a primeira armadilha é transformar o utilizador, incluindo o evangelizador digital, num mero consumidor. Subtilmente, a presença cristã não é verdadeira, porque a intenção muda de interesse. Em vez de se interessar pela salvação das almas, o trabalho do evangelizador digital torna-se um meio egoísta de lucro, dando demasiada importância aos valores financeiros.

---

76 A. Turrisi, A. Biscaldi, *Parole di prossimità: La comunicazione al servizio dell'uomo*, Edizioni San Paolo - Milano, 2021, p. 66-67.

> Hoje em dia, não é possível falar de "redes sociais" sem considerar o seu valor comercial, ou seja, sem perceber que a verdadeira revolução ocorreu quando as marcas e instituições empresariais reconheceram o potencial estratégico das plataformas sociais, contribuindo para uma rápida consolidação de linguagens e práticas que, ao longo dos anos, transformaram os utilizadores em consumidores [...] Ao aderirem às declarações de intenções das empresas de redes sociais, os utilizadores também aceitam "termos e condições" que, normalmente, não leem nem compreendem. Tornou-se comum entender estes "termos e condições" de acordo com um velho adágio que diz "se não pagas, és o produto". Por outras palavras, não é gratuito: estamos a pagar com minutos da nossa atenção e bytes dos nossos dados.[77]

A distribuição e o comércio de conhecimentos, dados e informações na Internet é algo a que o utilizador final deve prestar muita atenção. Existem inúmeros canais de informação e é difícil saber exatamente que fontes e informações são verdadeiramente fiáveis. Quando se faz uma pesquisa num *browser*, o algoritmo de inteligência artificial começa a selecionar os gostos, as necessidades e as preferências do pesquisador, de acordo com percursos de rastreio que depois enviam ao utilizador final respostas, anúncios e "dicas de compras" com base nas suas pesquisas *em linha:*

77 Dicastério para a Comunicação, Rumo a uma presença plena, n.º 13.

> As redes sociais, como o Facebook, os motores de busca, como o Google, ou as lojas online, como a Amazon, armazenam informações sobre as pessoas que as frequentam, e estes dados são utilizados para direcionar respostas ou atualizações sobre contatos pessoais. Assim, as nossas pesquisas nunca se baseiam em critérios puramente objetivos, mas sim nos nossos interesses específicos. São orientadas por temas e, por isso, temas diferentes obtêm resultados diferentes. A vantagem é imediata: chego diretamente ao que supostamente mais me interessa porque as plataformas digitais "conhecem-me" e sugerem o que mais me pode interessar.[78]

Estas sugestões comerciais que os *sites* de comércio eletrônico e outras plataformas digitais apresentam aos utilizadores são apelativas, ótimas e eficazes, mas escondem armadilhas que podem ter consequências perigosas:

> Normalmente, não temos consciência dos filtros que condicionam os resultados. A consequência desta personalização cada vez mais sofisticada dos resultados é uma exposição forçada a informações tendenciosas, que corroboram as nossas ideias, reforçam as nossas crenças e nos levam, assim, a isolarmo-nos num "efeito bolha" [...] os algoritmos por detrás das plataformas em linha e dos motores

78 A. Spadaro, Redes sociais: Portas da verdade. URL: <https://www.cyberteologia.it/2013/05/reti-sociali-porte-di-verita-e-di-fede-nuovi-spazi-di-evangelizzazione-la-47a-giornata-mondiale-delle-comunicazioni-sociali-2013/> (datado de 12/03/2024).

> de busca tendem a agregar os "semelhantes", agrupando-os e atraindo a sua atenção para os manter em linha. Consequentemente, as plataformas de redes sociais podem correr o risco de impedir que os seus utilizadores conheçam realmente o "outro" que é diferente. Todos nós já vimos sistemas automatizados que correm o risco de criar estes "espaços" individualistas, favorecendo por vezes comportamentos extremos. Os discursos agressivos e negativos propagam-se fácil e rapidamente, proporcionando um terreno fértil para a violência, o abuso e a desinformação.[79]

O ambiente digital está a tornar-se cada vez mais um ambiente ideal que favorece várias formas de engano e de condicionamento psicológico, incluindo a indiferença, a polarização e o extremismo. O suposto anonimato e a ação invisível por detrás de uma tela encorajam palavras e ações cruéis, ao ponto de se tornarem cada vez mais perigosas e com consequências preocupantes[80]. O *cyberbullying*, o discurso de ódio, a pornografia infantil em linha, a venda de dados privados a especialistas em fraudes virtuais, as notícias falsas, a pornografia de vingança, são apenas algumas das várias armadilhas que um utilizador da Internet pode encontrar.

---

79 Ibid, n.15-16.

80 Ver M.Padula que explica cada um destes termos (*Hate speech, Revenge porn*) em M.Gavrila. M.Padula, *Il futuro al centro: Bambini e adolescenti nella scena mediale contemporanea*. Prefácio de Marcello Ciannamea, Egea editore, Milão, 2023. p.108-110.

> A web é uma floresta que pode esconder ameaças e perigos não menos insidiosos do que os da vida real [...] A facilidade com que se entra na web e o anonimato levam também a que se contornem as inibições habituais. Esta falta de contato pode levar a um aumento dos comportamentos ligados à agressividade e à violência [...] A invisibilidade leva a um aumento do sentimento de onipotência e a uma diminuição da consciência do que se diz e do que se "publica" na rede; por outro lado, nota-se uma maior sensibilidade às mensagens negativas e persecutórias, que são vividas de uma forma ainda mais destrutiva do que em situações reais. [81]

São questões negativas que devem ser ultrapassadas em nome da ética, da moral, da justiça, do bem comum e da vida de fé. Mas o nosso juízo e a nossa visão da Internet e das redes sociais não devem ser orientados negativamente e condicionados por estas armadilhas virtuais. Como ensina o Professor Massimiliano Padula: "*Os hikikomori*[82] existem, mas o seu eremitismo não é certamente culpa de um videojogo ou de um simples indivíduo que escolhe comportar-se

81 G.Cucci, Paraíso virtual ou infer.net? *Risks and opportunities of the digital revolution,* Milão, Àncora editrice, 2015, p. 32-33.

82 O termo *hikikomori*, cunhado no início dos anos 80 pelo psiquiatra japonês Saito Tamaki, define um fenômeno que envolve indivíduos (sobretudo jovens) que vivem isolados do mundo e rejeitam todas as formas de relacionamento. A sua vida passa-se dentro do seu próprio quarto e as únicas formas de relacionamento são através da Internet ou de jogos de vídeo.

mal. O mesmo discurso vale para o *troll,* para o *hater,* aos pedófilos virtuais ou aos viciados em jogos online”[83].

Comentando a mensagem do Papa Bento XVI para o 45º Dia Mundial das Comunicações Sociais 2011, Antonio Spadaro afirma que estes riscos não fazem parte da cultura digital, mas da vida cotidiana das pessoas que o ambiente digital reproduz com as suas características típicas de rapidez e acessibilidade. Mas é cada vez mais fácil não assumir a responsabilidade e imputar à Internet ou às redes sociais todos os inconvenientes ou falhas que dizem respeito apenas aos seres humanos na sua fragilidade:

> É inadequado atribuir à web aquilo que depende das nossas fronteiras relacionais e humanas ou do nosso pecado, e que transferimos para a web tal como fazemos nos outros ambientes que frequentamos offline. Atribuir culpa *sic et simpliciter* ao ambiente digital é essencialmente uma forma cômoda e eficaz de desresponsabilização, de determinismo tecnológico. Trazemos para a Web aquilo que somos. Se formos melhores, a Web também será melhor.[84]

O empenho e a missão de ser uma presença plena de proximidade cristã nos ambientes digitais é algo necessário e possível. Os evangelizadores digitais,

---

83 M. Padula, *Comunicar com o próximo*, p. 46-47.

84 A. Spadaro, Redes sociais: Portas da verdade. URL: <https://www.cyberteologia.it/2013/05/reti-sociali-porte-di-verita-e-di-fede-nuovi-spazi-di-evangelizzazione-la-47a-giornata-mondiale-delle-comunicazioni-sociali-2013/> (datado de 12/03/2024).

iluminados pelo Espírito Santo e fortalecidos por um renovado impulso missionário, devem, a exemplo do Bom Samaritano, aproximar-se e revelar com palavras e gestos o rosto misericordioso de Deus Pai a todos aqueles que estão do outro lado de uma tela, que não são apenas números, mas pessoas reais, com um nome, um rosto e uma história pessoal.

## QUEM SÃO OS INFLUENCIADORES CATÓLICOS?

Um influenciador digital é alguém que tem a capacidade de influenciar, de ocupar e exercer um poder de discurso, de persuadir as grandes massas ou um grupo específico. Normalmente, este influenciador alcança notoriedade, tornando-se muito popular junto do público, o que o eleva à categoria de uma celebridade de pleno direito. Ou seja, torna-se alguém com quem o público, de alguma forma, se identifica e admira e a quem atribui autoridade sobre as suas vidas. Com os seus milhares de seguidores, o influenciador digital adquire a capacidade de ganhar grande projeção midiática com base no que diz e faz. É uma personagem que é celebrada por uma multidão e que participa ativamente nas escolhas e nos comportamentos desse grupo de seguidores que o rodeia. Torna-se uma "celebridade da Internet".

Uma "celebridade" pode ser um artista, um político, um atleta, um escritor, um modelo, em suma, alguém que é reconhecido e aclamado pelas pessoas e que, graças a essa fama e popularidade, se vê a assumir o papel de influenciador ou influenciador digital. Esta última figura, o influenciador digital, pode não ser alguém que se destaca no campo profissional ou desportivo, mas pode ainda assim tornar-se uma celebridade. No entanto, deve o seu suposto sucesso a esta função de influenciador adotada como profissão. Neste ponto, coloca-se a questão: ser um influenciador pode ser ou tornar-se uma profissão?

No livro "*Homo influencer — Making your mark in the digital age*", os autores, especializados na área do marketing e da comunicação, afirmam que *o homo influencer* não é apenas uma nova profissão, mas consideram o fenômeno um salto evolutivo:

> *O Homo influencer* representa o estágio evolutivo da nossa contemporaneidade, um contexto em que a vida social se desenvolve através de conexões virtuais, os processos de persuasão estão sujeitos a influências de pares e as capacidades expressivas são potencializadas — e ao mesmo tempo desafiadas — pela inovação tecnológica implacável [...] O influencer é um salto evolutivo. Em termos sociológicos e antropológicos, poderíamos, portanto, chamar-lhe *Homo influencer*. Não se trata apenas de uma nova profissão, que vem juntar-se a outras ou substituí-las. [...] É um salto de espécie que reformula os comportamentos sociais, atua sobre as dinâmicas de pares, modifica as relações entre marcas e consumidores, entre eleitores e líderes políticos, entre professores e educadores, entre celebridades e pessoas comuns.[85]

---

85 G. Perrelli, M. Migliore, *Homo influencer: Leaving a mark in the digital age*. Gribaudo, Milão 2021, p. 42-44.

Os influenciadores digitais realizam as suas performances comunicativas a partir de um contato direto e muitas vezes informal com o seu público (seguidores), através das suas plataformas multidigitais com programação e publicação de conteúdos específicos (textos, vídeos e imagens). Cada *influenciador digital*, considerando a dinâmica midiática e a lógica dos algoritmos das plataformas digitais utilizadas, escolhe o *nicho digital*, ou seja, um segmento específico de interesse para a população. Assim, existem influenciadores digitais nas áreas da saúde, educação, política, economia, direito, desporto, moda, arte, literatura, entretenimento, espiritualidade e religião.

Os chamados influenciadores digitais católicos estão a multiplicar-se e a reforçar cada vez mais a sua posição nos ambientes digitais, sobretudo nas redes sociais. Trata-se de um fenômeno novo na vida e na missão da Igreja. Mas quem são esses influenciadores católicos? O que é que os identifica especificamente, diferenciando-os dos bloggers ou de outros tipos de influenciadores? Há um lugar para eles no projeto missionário e pastoral da Igreja? Quais são as características essenciais que um autêntico missionário, evangelizador e influenciador digital deve possuir?

São muitas as questões que se colocam com este novo fenômeno. Mas respondamos à primeira: quem são estes influenciadores digitais católicos, segundo uma pesquisa recente realizada no Brasil, em que este fenômeno está a crescer a um ritmo alarmante. Vejamos:

> São pessoas que utilizam as redes sociais digitais e outras plataformas em linha para partilhar

> mensagens religiosas com os seus seguidores. Estes líderes espirituais da cultura digital utilizam as linguagens inovadoras dos ambientes em linha e podem chegar a pessoas de todo o mundo. Desta forma, tal como Jesus quando saiu do barco e viu a multidão, estes influenciadores "ensinam muitas coisas" nas suas redes, mas o leque de conteúdos pode ser — e normalmente é — muito mais vasto e diversificado do que os ensinamentos de Jesus, para o bem ou para o mal.[86]

No documento n.º 72, ao falar das dificuldades que as pessoas têm em encontrar ou conhecer um guia moral e espiritual que as oriente e as ajude a despertar a esperança, destacam o fato de nem sempre conseguirem encontrar essa figura nos locais tradicionais. Por isso, estes crentes procuram e encontram facilmente influenciadores católicos nas redes sociais.

E é precisamente neste contexto que o documento oferece uma breve definição do que são "influenciadores". Define-os como:

> Os indivíduos que ganham e mantêm um grande número de seguidores, ganham maior visibilidade e são capazes de inspirar e motivar os outros com as suas ideias ou experiências. Adotado da teoria da opinião pública para a abordagem de marketing das redes sociais, o sucesso de um influenciador das redes sociais está ligado à sua capacidade

86 Aa.Vv., Influenciadores digitais católicos: efeitos e perspectivas, Editora Ideias &Letras, Paulus, São Paulo, 2024, p. 22. [Tradução minha].

de se destacar na vastidão da rede, atraindo um grande número de seguidores.[87]

A reflexão aprofundada sobre o fenômeno social dos influenciadores digitais católicos é exaustiva e toca pelo menos importantes áreas de análise: a comunicativo-cultural, a teológico-eclesial e a sócio-política. Considera diretamente a pessoa do influencer e a sua relação com o seu público (seguidores). Reflete sobre a mediação tecnológica, uma vez que esta envolve diretamente os interesses econômicos das empresas, das próprias plataformas com os seus algoritmos e lógicas de funcionamento. Por fim, examina o papel da Igreja enquanto instituição com as suas próprias técnicas de comunicação.

O fenômeno social da influência católica digital pode ser visto como um "sinal dos tempos", um novo sopro do Espírito Santo na cultura contemporânea, e é uma oportunidade para a Igreja Católica repensar o seu modo de evangelizar para poder dialogar com os novos públicos, sobretudo os que nestes ambientes são chamados nativos digitais. É um desafio pastoral, mas positivo, que exige ousadia e criatividade por parte da Igreja.

O influenciador católico pode ser geralmente um ministro ordenado, um padre, um seminarista, um religioso, um consagrado, um leigo, enfim, alguém da comunidade cristã que se dedica a produzir conteúdos que possam levar a mensagem do Evangelho e os ensinamentos da Igreja aos utilizadores digitais. Estes missionários digitais correm certos riscos que serão analisados nesta investigação.

87 Dicastério para a Comunicação, Rumo a uma presença plena, n. 72.

No Brasil, o Bispo auxiliar de Belo Horizonte, D. Joaquim Mol, analisou o fenômeno dos influenciadores católicos e as consequências positivas e negativas da sua ação na realidade atual da Igreja brasileira, que se expande para o mundo através do virtual. Reuniu os principais especialistas multidisciplinares das áreas de comunicação, ciências da religião, teologia, pastoral, política e marketing, para entender melhor o papel dos influenciadores digitais católicos na Igreja, durante dois anos de pesquisas e aprofundamentos temáticos. Esta investigação acadêmica foi publicada no Brasil em fevereiro de 2024 com o título "Influenciadores Digitais Católicos — Efeitos e Perspectivas".

No lançamento ao vivo do livro no YouTube, D. Joaquim Mol falou da importância de refletir sobre este fenômeno, porque alguns influenciadores digitais católicos (não todos) estão a prejudicar a ação pastoral da Igreja nas áreas da pastoralidade, da formação, do compromisso dos fiéis, da organização eclesial, da eclesialidade e das relações. O Bispo afirma que:

> Alguns influenciadores digitais católicos têm essa característica. São supradiocesanos, supraparoquiais, supracomunitários [...] Não comungam e não falam do projeto de uma Igreja em saída, de uma Igreja pobre para os pobres. [88]Não falam destes problemas; definem-se como referências e autoridade, afetando a autoridade eclesial da Igreja local [...] exacerbam muito o

88 J . Mol, *Live Launch* "Influenciadores digitais católicos - efeitos e perspetivas", URL: < https://www.youtube.com /watch?v=bvfb-gdxsg8 > (em 18/03/2024) [transcrição e tradução minha].

narcisismo, a chamada síndrome de *Hubris*. São os erros de autoridade. Uma espécie de doença do poder. [89]

Há influenciadores que promovem uma comunicação muito mais em nome de um projeto pessoal do que uma comunicação que promove o encontro entre as pessoas, que caracteriza plena e automaticamente a evangelização da Igreja no tempo presente.

A autorreferencialidade a falta de sinodalidade com a Igreja e a proposta pastoral do Papa Francisco, que se baseiam obviamente no Evangelho da misericórdia, deturpa profundamente o que é a autêntica evangelização digital.

O conteúdo religioso no mercado dos media é considerado uma atividade rentável em termos econômicos. Há influenciadores digitais católicos que acabam por ser atraídos para esta armadilha da rentabilidade da sua atividade específica de comunicadores. As plataformas digitais esperam resultados numéricos significativos, dos quais se podem retirar benefícios e lucros econômicos elevados.

Há muitas agências de marketing que estão muito interessadas em trabalhar com seguidores religiosos em particular. Elas contratam, produzem, promovem e patrocinam o trabalho de evangelização de muitos

---

89 A síndrome de *hubris* é uma doença psiquiátrica. Ocorre quando um indivíduo acredita que tem conhecimentos numa determinada área e utiliza esses conhecimentos para exercer poder sobre outras pessoas. O indivíduo com esta síndrome, sem ter consciência disso, abusa do seu poder sobre as outras pessoas.

influenciadores digitais católicos. Toda esta atividade não seria má do ponto de vista da produção de conteúdos de evangelização de qualidade e de grande difusão. No entanto, "não estamos presentes nas redes sociais para 'vender um produto'. Não anunciamos, mas comunicamos a vida, a vida que nos foi dada em Cristo. É por isso que cada cristão deve ter o cuidado de não fazer proselitismo, mas de dar testemunho".[90]

Quando a mensagem cristã e o trabalho do evangelizador são comercializados, patrocinados, monetizados, mercantilizados, e já não têm como objetivo a construção do Reino de Deus, então há que fazer perguntas. Se o objetivo é mais o sucesso pessoal do que a salvação das almas, então é sinal de que algo está errado, de que a mensagem está distorcida. Isto acontece quando a mentalidade empresarial prevalece sobre o sentido pastoral da missão da Igreja e da evangelização nas redes. O Papa Bento XVI estigmatizou este tipo de comportamento, dizendo: "A verdade do Evangelho não é algo que possa ser consumido ou apreciado superficialmente.[91]

A Instrução Pastoral *Communio et Progressio*, de 1971, critica e exorta os comunicadores da época. Estas admoestações são atuais e perfeitamente adaptadas aos evangelizadores digitais católicos de hoje.

> Além disso, os comunicadores não devem esquecer que, precisamente devido à própria natureza

90 Dicastério para a Comunicação, *Rumo a uma presença plena, n.º* 77.

91 Bento XVI, *Mensagem para o 47º Dia Mundial das Comunicações Sociais* (24 de janeiro de 2013).

> dos meios de comunicação que lhes são confiados, entram em contato com um vasto e quase infinito círculo de homens. Por isso, se não podem deixar de ser fiéis à sua vocação intelectual e artística, devem, ao mesmo tempo, ter presente o formidável poder que tal vocação comporta, isto é, o de conduzir os homens à felicidade e ao progresso, e assumir os graves deveres que daí decorrem [...] Os comunicadores, que rebaixam as suas produções, procurando apenas a sua exploração comercial e econômica ou uma popularidade superficial e efêmera, não só prestam um mau serviço aos seus clientes, como, mais cedo ou mais tarde, eles próprios sofrerão uma desvantagem na sua reputação e dignidade profissional.[92]

Escorregar para a autorreferencialidade é uma grande tentação e um grande risco na vida de um influenciador digital católico. Os meios de comunicação social constituem um campo de missão desafiante, que pode levar à espetacularização e à competição. A autorreferencialidade leva inevitavelmente a perder de vista os objetivos mais éticos e a esforçar-se por construir uma imagem de sucesso. Se isso acontecer, o medo de perder essa posição assume automaticamente o controle. Assim, a necessidade de se exibir faz com que o influenciador católico entre em dinâmicas de competição e de rivalidade com outros influenciadores, utilizando conteúdos baseados em sensacionalismo, posições

---

92 Instrução Pastoral *Communio Et Progressio sobre os instrumentos de comunicação social, publicada por ordem do Concílio Ecuménico Vaticano II,* (23 de maio de 1971), nn. 76-77.

excessivamente radicais, polêmicas e proselitismo. Atitudes que atraem mais *likes*, engajamento e a possibilidade de "viralizar" nas redes. É evidente que, no ambiente digital, a linguagem que promove a agitação, o conflito e o confronto é algo que aumenta o consenso midiático e o sucesso numérico dos seguidores.

Contra esse tipo de comportamento, o documento do Dicastério para a Comunicação orienta e exorta sobre os grandes danos que esses conteúdos geram nos ambientes digitais, tornando-se um contratestemunho cristão quando envolvem trabalhadores da própria Igreja:

> Devemos ter cuidado ao publicar e partilhar conteúdos que possam causar mal-entendidos, exacerbar divisões, incitar a conflitos e aprofundar preconceitos. Infelizmente, a tendência para nos deixarmos levar por discussões acaloradas e por vezes desrespeitosas é comum nos intercâmbios em linha. [...] O problema da comunicação polêmica e superficial e, portanto, divisível, é particularmente preocupante quando provém da liderança da Igreja: Bispos, pastores e líderes leigos proeminentes. Estes não só causam divisão na comunidade, como também autorizam e legitimam outros a promover um tipo de comunicação semelhante.[93]

93 Dicastério para a Comunicação, Rumo a uma presença plena, n. 75.

A atividade cotidiana do influencer católico pode perder gradualmente a sua verdade e naturalidade na tentativa de satisfazer as exigências dos meios de comunicação social, na preocupação excessiva e constante de produzir conteúdos midiáticos (vídeos, fotos e textos) apelativos. A vida pode tornar-se apenas aparência e perder a essência dos valores cristãos. A ação dita "evangelizadora" torna-se apenas um produto gravado, editado e publicado com o intuito de ganhar visibilidade e relevância pessoal. A centralidade da produção de conteúdos sobre a própria vida acaba por tomar o lugar da experiência de vida cristã em comunhão e comunidade. "A obrigação de guardar a verdade nasce da necessidade de não negar a relação mútua de comunhão. A verdade, de fato, revela-se na comunhão; pelo contrário, a mentira é uma recusa egoísta de reconhecer a própria pertença ao corpo".[94]

Há influenciadores católicos que se deixaram seduzir pelo dinheiro fácil, aceitando, por razões puramente econômicas, promover determinadas iniciativas ou publicitar produtos nas suas redes sociais. Neste domínio:

> A influência digital tornou-se uma profissão. As suas práticas envolvem sobretudo aspectos econômicos e de marketing. Para ganhar visibilidade e envolvimento generalizados, os influenciadores devem obedecer às estratégias algorítmicas das próprias plataformas [...] Um influenciador digital católico que procure operar

94 Francisco, Mensagem para o 53º Dia Mundial das Comunicações Sociais, "Somos membros uns dos outros" (Ef 4,25): das comunidades das redes sociais à comunidade humana. (24 de janeiro de 2019).

> dentro das lógicas digitais terá provavelmente muita dificuldade em estruturar as suas ações com base nos valores evangélicos da escuta e do amor, pelo menos no seu aspecto mais profundo e integral.[95]

Há também influenciadores católicos que, cada vez mais, assumem uma posição neutra em relação a quase todos os temas que podem provocar polêmica. Este tipo de influenciador digital católico prefere atuar de forma imparcial e neutra no ambiente digital.

Há outros tipos de influenciadores católicos que não fazem isto, mas a sua atividade em linha caracteriza-se por uma tendência para fomentar debates agitados e disputas amargas. Esses tipos de influenciadores católicos ultratradicionalistas trabalham para defender uma visão particular da Igreja. Estão frequentemente aliados a partidos políticos de direita e caracterizam-se por posições extremas de conservadorismo tradicionalista. Estas contas e influenciadores católicos excessivamente conservadores nas redes sociais prejudicam o trabalho pastoral da Igreja, porque prejudicam diretamente a comunhão e o seu princípio de sinodalidade.[96] São "os grupos que se apresentam como 'católicos' utilizam a sua presença nas redes sociais para fomentar a divisão, não se comportam como uma comunidade cristã deve comportar-se".

---

95 Aa.Vv., Influenciadores digitais católicos: efeitos e perspectivas, p.19. [Tradução minha].

96 Dicastério para a Comunicação, Rumo a uma presença plena, n.º 55.

> Há uma influência apologético-moralista digital que, embora apresente elementos ligados à devoção e à fé popular, é marcada por uma pretensão formativa e moralista, baseada em leituras pessoais e particulares da verdade, através de uma autoridade didática manipuladora. Promove uma educação para a vida cristã baseada em fórmulas de fé sem conexão com a realidade, fortemente centrada num moralismo permeado de elementos ideológicos e políticos. Acrescenta-se a isso uma crítica excessiva e infundada à estrutura institucional da Igreja e à sua hierarquia eclesial.[97]

O Papa Francisco, que se tornou um dos alvos deste tipo de influenciadores, fala sobre isso na sua exortação apostólica *Evangelii gaudium* e chama a este tipo de atitude "mundanismo espiritual".

> A mundanidade espiritual, que se esconde por detrás de aparências de religiosidade e até de amor à Igreja, consiste em procurar, em vez da glória do Senhor, a glória humana e o bem-estar pessoal [...] É uma tremenda corrupção disfarçada de bem. Há que evitá-la, pondo a Igreja num movimento de saída de si, de missão centrada em Jesus Cristo, de compromisso com os pobres. Que Deus nos livre de uma Igreja mundana sob cortinas espirituais ou pastorais! Este mundanismo asfixiante cura-se saboreando o ar puro do Espírito Santo, que nos liberta de ficarmos centrados em nós mesmos,

97 Aa.Vv., Influenciadores digitais católicos: efeitos e perspectivas, p.18.

> escondidos numa aparência religiosa vazia de Deus. Não deixemos que nos roubem o Evangelho.[98]

Nem tudo o que os influenciadores digitais católicos produzem e publicam nas suas redes sociais faz, portanto, parte de uma autêntica ação evangelizadora da Igreja, mesmo que haja ou tenha havido intenção de o fazer. A ação evangelizadora da Igreja tem um conteúdo, uma mensagem específica, metas precisas e um objetivo. Esta ação missionária nas redes sociais deve ser orientada pela Sagrada Escritura, pelo Magistério da Igreja e pela Tradição. Cada influenciador católico deve ter plena consciência da sua conduta e da forma como atua na rede, baseando-se sempre nos critérios importantes e indispensáveis, tal como estão definidos nas orientações do Documento, e ter aquele estilo que o Papa Francisco chama de "Estilo de Deus":

> Este estilo reflete-se em três atitudes — "proximidade, compaixão e ternura" — que o Papa Francisco define como traços distintivos do estilo de Deus [39]. O próprio Jesus, na sua ceia de despedida, assegurou-nos que a marca dos seus discípulos seria amarem-se uns aos outros como Ele os amou. A partir daí, todos podem reconhecer uma comunidade cristã (cf. Jo 13, 34-35).[99]

Desta exortação do Pontífice surge uma questão importante: mas como é que este "estilo de Deus" pode ser posto em prática nas redes sociais? O documento

---

98 Francisco, Exortação Apostólica *Evangelli Gaudium, n.*° 93-97.

99 Dicastério para a Comunicação, Rumo a uma presença plena, n. 64

"Rumo à presença plena", que já mencionamos, indica algumas orientações práticas para esse exercício pastoral no ambiente digital.

Primeira orientação: O influenciador católico deve estar consciente de que todas as suas ações como evangelizador digital devem estar em sintonia com os ensinamentos do Mestre Jesus. É necessário e importante saber não apenas *como* se diz, mas *o que se* diz.

> Em primeiro lugar, devemos lembrar-nos de que tudo o que partilhamos nas nossas publicações, comentários e gostos, através de palavras faladas ou escritas, com vídeos ou imagens animadas, deve estar em sintonia com o estilo que aprendemos com Cristo, que transmitiu a sua mensagem não só com palavras, mas com todo o seu modo de vida, revelando que a comunicação, no seu nível mais profundo, é o dom de si mesmo no amor. Por conseguinte, a forma como dizemos algo é tão importante como o que dizemos. A criatividade consiste em garantir que o como corresponde ao quê. Por outras palavras, só podemos comunicar bem se "amarmos bem".[100]

Segunda orientação: o missionário digital deve valorizar três critérios importantes na evangelização, que são: a verdade, a bondade e a beleza.

> Para comunicar a verdade, temos primeiro de nos certificar de que estamos a transmitir informações

---

100 Ibid, n 65.

> verdadeiras, não só ao criar conteúdos, mas também ao partilhá-los. Temos de nos certificar de que somos realmente uma fonte fiável. Para comunicar a bondade, precisamos de conteúdos de qualidade, uma mensagem orientada para ajudar e não para prejudicar, para promover ações positivas e não para perder tempo com discussões inúteis. Para comunicar a beleza, temos de nos certificar de que estamos a comunicar uma mensagem na sua totalidade, o que requer a arte da contemplação, uma arte que nos permite ver uma realidade ou um acontecimento em relação a muitas outras realidades e acontecimentos.[101]

Entre as atividades da 37ª Jornada Mundial da Juventude 2023, que decorreu em Lisboa com o título "Maria levantou-se e partiu apressadamente" (Lc 1,39), realizou-se o I Festival de Influenciadores Católicos. A Igreja abraça e orienta estes missionários digitais.[102] O Prefeito do Dicastério para a Cultura e a Educação, Cardeal José Tolentino Mendonça, presidiu a Missa dos influenciadores digitais e exortou a todos, dizendo:

> Hoje a Igreja precisa de vós, caros influenciadores digitais, para serdes fermento de esperança nestes novos espaços de construção social que são as redes sociais e as redes digitais. Porque a questão

101 Dicastério para a Comunicação, Rumo a uma presença plena, n. 66.

102 O evento contou com a presença de importantes representantes da Igreja, como o Prefeito do Dicastério para a Comunicação, Paolo Ruffini, o Pró-Prefeito do Dicastério para a Evangelização, Cardeal Luis Antonio Tagle, o Cardeal Óscar Andrés Rodríguez Maradiaga, ArceBispo Emérito de Tegucigalpa, Honduras e o Cardeal José Tolentino Mendonça.

> "já não é se vamos ou não interagir com a cultura digital", isso já é um fato irreversível, mas a reflexão que nos é pedida "é saber fazer". [103]

Seguindo o exemplo de Jesus, os influenciadores católicos devem "reservar prioritariamente um espaço suficiente para um colóquio pessoal com o Pai, permanecendo em sintonia com o Espírito Santo".[104] Um princípio fundamental para evangelizar nas redes sociais é ter consciência de que o poder de influência não pode basear-se apenas nas capacidades humanas e técnicas. Para ser fermento, sal da terra e luz no mundo, o missionário digital precisa da graça de Deus. O influenciador digital católico baseia a sua missão digital, antes de mais nada, na sua experiência de fé, no seu encontro sincero e pessoal com a pessoa de Cristo. Torna-se uma pessoa credível porque é alguém que vive uma espiritualidade autenticamente cristã, não só diante das câmeras, mas na intimidade da oração e no testemunho de vida.

103 Vatican News, Cardeal Tolentino aos influenciadores: proclamar Cristo ao "próximo digital, URL: < https://www.vaticannews.va/pt/vaticano/news/2023-08/jmj-lisboa-encontro-influencers-catolicos-universidade-portugal.html > (em 15/03/2024).

104 Dicastério para a Comunicação, Rumo a uma presença plena, n. 79.

# INFLUENCIADORES CATÓLICOS: BONS SAMARITANOS NAS AUTOESTRADAS DIGITAIS

Inspirado na imagem do Bom Samaritano da parábola de Jesus contada no Evangelho de São Lucas, o influenciador digital católico "encontra" a sua missão nas autoestradas digitais. A missão de se aproximar e mostrar misericórdia. Ele deve ser uma testemunha de Cristo nas redes. O documento apresenta a palavra *influencer* ligada à palavra *mártir,* testemunha da fé:

> O que é que significa ser uma testemunha? A palavra grega para testemunha é "mártir" e pode dizer-se que alguns dos mais influentes "influenciadores cristãos" foram mártires. O atrativo dos mártires reside no fato de manifestarem a sua união com Deus através do sacrifício da própria vida [...] Se o martírio é o sinal supremo do testemunho cristão, cada cristão é chamado a sacrificar-se: a vida cristã é uma vocação que consome a nossa própria existência, oferecendo-nos, de corpo e alma, para nos tornarmos um espaço de comunicação do amor de Deus, um sinal que aponta para o Filho de Deus.[105]

O influenciador católico é aquele que deve testemunhar no ambiente digital a sua fé, não só com vídeos, fotos e textos, mas dando e sacrificando a sua vida em nome de Cristo e do Evangelho. Eis o testemunho autêntico:

---

105 Dicastério para a Comunicação, Rumo a uma presença plena, n.º 78.

"testemunhar com as nossas palavras e com a nossa vida o que outro fez". Neste sentido, e só neste sentido, podemos ser testemunhas — e mesmo missionários — de Cristo e do seu Espírito. Isto inclui também a nossa presença nas redes sociais. A fé é, antes de mais, testemunhar a alegria que o Senhor nos dá.[106]

Dirigindo-se espontaneamente aos participantes da Assembleia Plenária do Dicastério para a Comunicação, em 23 de setembro de 2019, o Papa Francisco exortou e pediu que, no ato de comunicar, a comunicação cristã seja, antes de mais, um testemunho de vida. Isto também se aplica aos influenciadores católicos que evangelizam no digital. Estas são as palavras do Papa:

> Não devemos esquecer isto. Comunica-se com a alma e com o corpo; comunica-se com a mente, com o coração, com as mãos; comunica-se com tudo. O verdadeiro comunicador dá tudo, dá tudo de si — como dizemos na minha terra: "põe toda a carne no lume", toda a carne, não a guarda para si. E é verdade que a maior comunicação é o amor: no amor há a plenitude da comunicação: o amor a Deus e ao outro. Mas como deve ser a comunicação? Uma das coisas que não se deve fazer é publicidade, apenas publicidade. Não se deve fazer como as empresas humanas, que tentam atrair mais pessoas... Numa palavra técnica: não se deve fazer proselitismo. Eu gostaria que a nossa comunicação fosse cristã e não proselitista [...] E a nossa comunicação deve ser testemunhal.

106 Ibid, n.º 80.

> Se apenas querem comunicar uma verdade sem bondade e beleza, parem, não o façam. Se queres comunicar uma verdade mais ou menos, mas sem te envolveres, sem testemunhares com a tua própria vida, com a tua própria carne essa verdade, para, não o faças. Há sempre a assinatura do testemunho em tudo o que fazemos. Testemunhas. Cristãos significa testemunhas, "mártires". Esta é a dimensão "mártir" da nossa vocação: ser testemunhas.[107]

Na sua mensagem para o 50º Dia Mundial das Comunicações Sociais, o Papa Francisco sublinhou como as redes sociais são verdadeiramente capazes de criar relações e promover o bem no ambiente social, e como têm todas as potencialidades e todas as "cartas na manga" para cumprir esta tarefa. São lugares de encontro em que é necessário assumir a responsabilidade pelos outros, cuja existência é real antes de ser "virtual":

> Mesmo o correio eletrônico, as mensagens de texto, as redes sociais e os chats podem ser formas de comunicação plenamente humanas. Não é a tecnologia que determina se a comunicação é autêntica ou não, mas o coração humano e a sua capacidade de utilizar bem os meios à sua disposição. As redes sociais são capazes de fomentar relações e promover o bem da sociedade, mas também podem conduzir a uma maior polarização e divisão entre pessoas e grupos. O

107 Francisco, Discurso aos participantes na Assembleia Plenária do Dicastério para a Comunicação, 23 de setembro de 2019.

> ambiente digital é uma praça pública, um ponto de encontro, onde se pode afagar ou magoar, ter uma discussão frutuosa ou um linchamento moral. [...] A verdadeira cidadania também se constrói em linha. O acesso às redes digitais implica uma responsabilidade pelo outro, que não vemos mas é real, tem uma dignidade própria que deve ser respeitada. A rede pode ser bem utilizada para fazer crescer uma sociedade sã e aberta à partilha.[108]

A missão dos influenciadores católicos nas redes sociais é algo de novo no modelo de ação pastoral da Igreja. E sendo um fenômeno novo, é algo que ainda não está completamente claro e definido. É normal que esta nova forma de evangelizar não só desperte curiosidade, como também gere preocupação, desconfiança e descrédito por parte de algumas autoridades eclesiásticas e até de algumas alas da Igreja.

Este novo e cada vez mais forte modo de evangelização através das redes sociais é colocado no contexto pastoral da Igreja não como algo a ser rapidamente desvalorizado e eliminado, mas como uma "ação missionária", a ser acolhida como um "sinal dos tempos". A Igreja deve ser capaz de investigar, interpretar e responder a esta nova ação de evangelização, como ensina a Constituição Pastoral *Gaudium et Spes* sobre a Missão da Igreja no Mundo Contemporâneo:

---

108 Francisco, *Mensagem para o 50º Dia Mundial das Comunicações Sociais comunicação social e misericórdia: um encontro fecundo,* (24 de janeiro de 2016).

> Para levar a cabo esta tarefa, a Igreja tem o dever permanente de perscrutar os sinais dos tempos e de os interpretar à luz do Evangelho, de modo a poder responder, de forma adaptada a cada geração, às perguntas perenes dos homens sobre o sentido da vida presente e futura e sobre as suas relações mútuas. Com efeito, é necessário conhecer e compreender o mundo em que vivemos, as suas expectativas, as suas aspirações e o seu carácter muitas vezes dramático.[109]

As redes sociais oferecem novos espaços nos quais a comunicação tem lugar e as relações se desenvolvem de uma forma profunda e significativa, ou de uma forma superficial e descartável. É natural que as redes sociais tenham um grande poder de aproximação entre aqueles que estão fisicamente distantes. Mas é necessário refletir se o impacto e o potencial das plataformas estão realmente a criar relações sociais reais, profundas e saudáveis ou apenas ilusórias, superficiais e até pouco saudáveis. Os influenciadores digitais, grandes e pequenos, têm a tarefa de testemunhar os valores do Evangelho e transformar os ambientes virtuais em autênticos lugares de encontro, em que os "peregrinos virtuais" se sintam parte de uma comunidade de acolhimento, respeito, comunhão e partilha.

O documento "Rumo à presença plena" diz que a missão de influenciar é própria de cada cristão. Aqui surge a existência da figura dos *macro influenciadores,* com o seu grande número de seguidores e grande poder midiático.

---

109 Constituição Pastoral *Gaudium et Spes, sobre a Igreja no mundo contemporâneo,* n.º 4.

Mas também destaca a presença e a importância dos *micro influenciadores*. Ambos são importantes e necessários na missão de sermos "bons samaritanos" nas autoestradas digitais.

> Todos nós devemos levar a sério a nossa "influência". Não há apenas macro influenciadores com grandes audiências, mas também micro influenciadores. Cada cristão é um micro influenciador. Cada cristão deve estar consciente da sua potencial influência, independentemente do número de pessoas que o seguem. Ao mesmo tempo, deve estar consciente de que o valor da mensagem transmitida pelo "influenciador" cristão não depende das qualidades do mensageiro. Cada seguidor de Cristo tem o potencial de estabelecer uma ligação, não consigo próprio, mas com o Reino de Deus, mesmo no círculo menor das suas relações. "Acredita no Senhor Jesus e serás salvo, tu e a tua família" (Atos 16,31).[110]

Na 16ª Assembleia Geral Ordinária do Sínodo dos Bispos, intitulada "Uma Igreja Sinodal em Missão", realizada de 4 a 29 de outubro de 2023, no Vaticano, foram sublinhadas as excelentes iniciativas de catequese e de formação da Igreja na esfera digital por parte dos web missionários, com perspectivas muito otimistas quanto a uma difusão cada vez maior da mensagem evangelizadora nos canais midiáticos. Uma das vantagens é a procura da Palavra de Deus na Internet, por exemplo, "Palavra do Dia" ou "Evangelho do

110 Dicastério para a Comunicação, Rumo a uma presença plena, n.º 74.

Dia" estão entre os termos mais procurados no Google pelos crentes cristãos. Pode dizer-se que o ambiente digital também oferece muitas possibilidades novas e mais fáceis para um "encontro" regular com a Palavra divina".[111]

Infelizmente, não falta o reverso da medalha: a par das iniciativas "virtuosas", há que assinalar também a presença na web de sites que utilizam estes meios de forma negativa ou inadequada:

> Há muitas iniciativas em linha valiosas e úteis relacionadas com a Igreja que proporcionam uma excelente catequese e formação na fé. Infelizmente, há também stes onde as questões relacionadas com a fé são abordadas de forma superficial, polarizada e até cheia de ódio. Como Igreja e como missionários digitais individuais, temos o dever de nos perguntar como garantir que a nossa presença em linha seja uma experiência de crescimento para aqueles com quem comunicamos.[112]

Para que a presença cristã, através da evangelização dos missionários digitais, seja plena e atinja o seu verdadeiro objetivo, não basta preocupar-se apenas com a difusão de conteúdos abertamente religiosos nas redes sociais. O Papa Bento XVI ensina que é necessário um testemunho de vida coerente:

---

111 Idem, n.º 40.

112 Boletim da Sala de Imprensa da Santa Sé, XVI Assembleia Geral Ordinária do Sínodo dos Bispos - Uma Igreja Sinodal em Missão, URL: < https://press.vatican.va /content/salastampa/en/bulletin/public/2023/10/28/0751/01653.html > (em 12/03/2024).

> Comunicar o Evangelho através dos novos meios de comunicação social significa não só inserir conteúdos declaradamente religiosos nas plataformas dos vários meios de comunicação social, mas também testemunhar coerentemente, no perfil digital e na forma de comunicar, escolhas, preferências e juízos profundamente coerentes com o Evangelho, mesmo quando este não é explicitado. Além disso, mesmo no mundo digital, não pode haver anúncio de uma mensagem sem um testemunho coerente por parte de quem a proclama. Nos novos contextos e com as novas formas de expressão, o cristão é de novo chamado a dar uma resposta a quem lhe perguntar a razão da esperança que há nele (cf. 1Pd 3,15).[113]

Evangelizar não é apenas propagar o Evangelho. Não se trata apenas de alcançar milhares de seguidores, de visualizações e de "gostos". O essencial é o testemunho autêntico da vida cristã, que encontra expressão no que Jesus disse na parábola: "Vai e faz tu também o mesmo" (Lc 10,37), convidando-nos a testemunhar a proximidade, a compaixão e a misericórdia. E neste tempo de *vida*, que este testemunho se torna cada vez mais necessário. Antonio Spadaro, escrevendo sobre o anúncio da fé na cultura digital, afirma:

> O cristão que vive imerso nas redes sociais é chamado a uma autenticidade de vida muito exigente: ela toca diretamente o valor da sua capacidade de

113 Bento XVI, Mensagem para o 47º Dia Mundial das Comunicações Sociais (24 de janeiro de 2013).

> comunicar [...] O testemunho está a tornar-se a verdadeira forma privilegiada de comunicação no ambiente digital. Diria mais decisivamente: hoje comunicar significa testemunhar. A fé, portanto, não é apenas "transmitida", mas sobretudo pode ser suscitada nos encontros pessoais, nas relações [...] Testemunhar, portanto, significa sobretudo viver uma vida cotidiana alimentada pela fé em tudo. [114]

Com base nessas valiosas considerações sobre a necessidade e a importância de um autêntico testemunho cristão nos ambientes digitais, a figura do jovem beato Carlo Acutis oferece um testemunho precioso, concreto e inspirador para todos aqueles que já desenvolvem atividades pastorais nas redes sociais ou que desejam tornar-se missionários digitais.

Na Exortação Apostólica Pós-Sinodal *Christus vivit*, o Papa Francisco traça o perfil da figura do Beato Carlo Acutis. Dá-nos a conhecê-lo como um modelo de jovem criativo e engenhoso que utilizou os mecanismos da comunicação, da publicidade e das redes sociais para transmitir o Evangelho e os valores da vida cristã.

> É verdade que o mundo digital pode expor-nos ao risco de nos fecharmos em nós próprios, ao isolamento ou ao prazer vazio. Mas não se esqueçam de que há jovens que também são criativos e, por vezes, brilhantes nestes domínios. É o caso do jovem Venerável Carlo Acutis. Ele

114 A.Spadaro, A proclamação da fé na cultura digital, p.63.

sabia muito bem que estes mecanismos de comunicação, publicidade e redes sociais podem ser utilizados para nos tornar sujeitos sonolentos, viciados no consumo e nas novidades que podemos comprar, obcecados com os tempos livres, fechados no negativismo. Mas ele soube utilizar as novas técnicas de comunicação para transmitir o Evangelho, para comunicar valores e beleza. Não caiu na armadilha. Viu que muitos jovens, embora parecendo diferentes, na realidade acabam por ser iguais aos outros, correndo atrás daquilo que os poderosos lhes impõem através dos mecanismos de consumo e de estiolamento. Desta forma, não deixam desabrochar os dons que o Senhor lhes deu, não oferecem a este mundo as capacidades muito pessoais e únicas que Deus semeou em cada um. Assim, dizia Carlos, acontece que "toda a gente nasce como original, mas muitos morrem como fotocópias". Não deixes que isto te aconteça.[115]

Este jovem, que morreu aos quinze anos de idade devido a uma leucemia muito grave, era tão interessado e apaixonado pelo mundo da Internet como quase todos os jovens do nosso tempo. No entanto, não a utilizava como uma mera fonte de distração, de prazeres momentâneos ou de vaidade narcísica. Utilizou as possibilidades oferecidas pela Internet para evangelizar. No dia 11 de outubro de 2020, aniversário do *Angelus* na Praça de S. Pedro, o Papa Bergoglio recordou-o da seguinte forma: "Ontem, em Assis,

115 Francisco, Exortação apostólica pós-sinodal *Christus Vivit* aos jovens e a todo o povo de Deus, 25 de março de 2019, n.º 104-106.

Carlo Acutis foi beatificado [...] O seu testemunho mostra aos jovens de hoje que a verdadeira felicidade se encontra em colocar Deus em primeiro lugar e servi-lo nos irmãos, especialmente nos menores. Aplaudamos o novo jovem beato milenar.[116]

Giacomo Ruggeri afirma que: é a primeira vez que um pontífice aborda a Internet na categoria da santidade, destacando um jovem, como o milanês Carlo Acustis, chamando-lhe "jovem milenar abençoado".[117]

Os influenciadores católicos encontram, no autêntico testemunho de vida cristã do Beato Carlo Acutis, um ótimo exemplo para se transformarem em "bons samaritanos" no mundo digital da web. Porque Carlo soube ir ao encontro das pessoas tanto nas autoestradas digitais como em encontros pessoais de fraternidade e solidariedade nas ruas da sua cidade. Ele estendeu a mão especialmente aos mais pobres e necessitados.

---

116 Francisco, Angelus - Domingo, 11 de outubro de 2020, em URL: <https://www.vatican.va/content/francesco/it/angelus/2020/documents/papafrancesco_angelus_20201011.html> (datado de 20/03/2024).

117 G. Ruggeri, Teologia digital: a Internet como cultura e pensamento performativo no ensino teológico, p. 74.

# 3

# ENCONTRO: "VAI E FAZ O MESMO" A MISSÃO DE ENCONTRAR O OUTRO NAS REDES SOCIAIS

## COMO CONSTRUIR RELAÇÕES E COMUNHÃO EM UM MUNDO FRAGMENTADO

O documento "Rumo à presença plena" é uma reflexão pastoral que pretende indicar, nesta era digital, os caminhos que orientam e encorajam os missionários digitais e os pastores, para que não percam de vista os valores essenciais do Evangelho diante das armadilhas das rodovias digitais. E uma dessas grandes armadilhas da missão nas redes sociais é a "tentação inerente ao individualismo e à exaltação de si mesmo"[118], que torna impossível ver o outro como imagem e semelhança de Deus, Filho do mesmo Pai eterno, irmão e irmã que devemos encontrar, acolher, amar e viver em comunhão.

> Todos nós podemos ser viandantes nas rodovias digitais, simplesmente "conectados"; ou podemos fazer algo como o samaritano, permitindo que as conexões evoluam em verdadeiros encontros. O transeunte casual torna-se um "próximo" quando presta assistência ao homem ferido, tratando suas feridas. Ao cuidar dele, o seu objetivo é curar não só as feridas físicas, mas igualmente as divisões e a animosidade que existem entre os seus grupos sociais.[119]

As comunidades das redes sociais nem sempre são sinônimos de comunidade no sentido cristão do termo.

---

118 Dicastério para a Comunicação, Rumo a uma presença plena, n. 25.

119 Ibid, n.52.

Como salienta o Papa Francisco, muitas comunidades virtuais acabam por se tornar um lugar de desentendimentos baseados em preconceitos, individualismo, espirais de ódio e autorreferencialidade narcísica. Esse espaço privilegiado, que pode ser um ponto de encontro para a socialidade fraterna e para a experiência da fé, torna-se um campo de batalha.

> É evidente para todos como, no cenário atual, a comunidade das redes sociais não é automaticamente sinônimo de comunidade. Nos melhores casos, as comunidades conseguem demonstrar coesão e solidariedade, mas muitas vezes não passam de agregados de indivíduos que se identificam em torno de interesses ou temas caracterizados por laços fracos. Além disso, na rede social, a identidade baseia-se demasiadas vezes na oposição do outro, do estranho ao grupo: define-se mais pelo que divide do que pelo que une, dando espaço à suspeição e à manifestação de todo o tipo de preconceitos (étnicos, sexuais, religiosos etc.). Esta tendência alimenta grupos que excluem a heterogeneidade, que alimentam também o individualismo desenfreado no ambiente digital, acabando por vezes por fomentar espirais de ódio. O que deveria ser uma janela para o mundo torna-se assim uma montra para exibir o próprio narcisismo. A rede é uma oportunidade para promover o encontro com os outros, mas também

> pode reforçar o nosso auto isolamento, como uma teia de aranha capaz de nos aprisionar.[120]

Atualmente, na chamada "cultura do descartável", muitas pessoas preferem as relações virtuais às relações presenciais. E uma das razões reside no fato de as relações virtuais serem mais práticas de gerir, uma vez que podem ser construídas e desfeitas muito facilmente. Com um clique, pode adicionar alguém e, com um clique, pode bloquear ou excluir essa mesma pessoa do círculo de amigos virtuais. Ao passo que, na vida real, encontrar, construir relações saudáveis e viver em comunidade, exige empenho, dedicação e maturidade.

O famoso sociólogo polaco Zygmunt Bauman, numa entrevista ao jornal *El País,* sublinha o fato de as redes sociais serem como "o novo ópio do povo", fazendo uma distinção entre *Comunidade* e *Rede*. Cita ainda o Papa Francisco como exemplo de alguém que faz comunidade ao conseguir dialogar com quem pensa diferente dele e não apenas com quem lhe convém. Por fim, aponta as redes sociais como verdadeiras armadilhas perigosas.

> A diferença entre a comunidade e a rede é que o utilizador pertence à comunidade, mas a rede pertence-lhe a si. Podemos adicionar e eliminar amigos e controlar as pessoas com quem convivemos. Isso faz com que as pessoas se sintam um pouco melhor, porque a solidão é a grande ameaça nestes tempos individualistas. Mas nas

---

120 Francisco, Mensagem para o 53.º Dia Mundial das Comunicações Sociais, (24 de janeiro de 2019).

> redes sociais, é tão fácil adicionar e eliminar amigos que as competências sociais não são necessárias. Desenvolvemo-las na rua ou no trabalho, conhecendo pessoas com quem precisamos de ter uma interação razoável. Depois, há que lidar com as dificuldades, dialogar. O Papa Francisco, que é um grande homem, logo que foi eleito, deu a sua primeira entrevista a Eugenio Scalfari, um jornalista italiano que se autoproclama ateu. Foi um sinal: o verdadeiro diálogo não é falar com pessoas que pensam como nós. As redes sociais não ensinam a dialogar porque é demasiado fácil evitar a controvérsia [...] Muitas pessoas utilizam-nas não para se unirem, não para alargarem os seus horizontes, mas, pelo contrário, para se fecharem naquilo a que chamo zonas de conforto, onde o único som que ouvem é o eco das suas próprias vozes, onde a única coisa que veem é o reflexo dos seus próprios rostos. As redes são muito úteis, oferecem serviços muito agradáveis, mas são uma armadilha.[121]

As redes sociais tornam-se uma armadilha quando permanecem apenas no domínio da superficialidade egoísta, quando não promovem um verdadeiro diálogo e encontro capaz de gerar interação mútua, amizade, solidariedade, fraternidade e comunhão autêntica entre as pessoas. O Papa Francisco afirma a este respeito:

---

121 R. De Querol, Zygmunt Bauman: "As redes sociais são uma armadilha" - El País. URL: <https://brasil.elpais.com/brasil/2015/12/30/cultura/1451504427_675885.html#> (data 02/04/2024).

> A representação da realidade em big data, por muito funcional que possa ser para a gestão das máquinas, implica de fato uma perda substancial da verdade das coisas, o que dificulta a comunicação interpessoal e corre o risco de prejudicar a nossa própria humanidade. A informação não pode ser separada da relação existencial: implica o corpo, o estar na realidade; pede para relacionar não apenas dados, mas experiências; exige o rosto, o olhar, a compaixão e a partilha.[122]

Consideremos o autor cristão J. R. R. Tolkien, que compôs a obra "O Senhor dos Anéis", que se tornou mundialmente famosa através de uma grande produção cinematográfica. Na trama, o tão desejado anel, que ilustra o mal que pode seduzir e escravizar alguém, tem o poder de tornar invisível quem o usa. Giovanni Cucci utiliza esta imagem para mostrar o perigo da invisibilidade no mundo virtual. Uma vez que não existe contato físico neste tipo de relação em linha, muitos utilizadores utilizam o poder da "invisibilidade virtual" com traição e intenção fraudulenta. A sensação de onipotência, proporcionada pelo fato de se estar atrás de uma tela, afasta-os cada vez mais das relações pessoais reais, levando-os a dizer e a fazer irresponsavelmente o que querem nos ambientes virtuais.

> O mundo virtual permite ao utilizador, tal como Frodo em O *Senhor dos Anéis,* aceder à invisibilidade, sem se aperceber, no entanto, que

122 Francisco, Mensagem para o 58º Dia Mundial das Comunicações Sociais - Inteligência artificial e sabedoria do coração: por uma comunicação plenamente humana (24 de janeiro de 2024).

esse poder o altera, para pior, tornando-o invisível. A principal caraterística do homem, a visibilidade, é constitutiva da sua condição de corpo, permitindo-lhe entrar em relação consigo próprio, com os outros e com o ambiente. Não é por acaso que estas características tendem a desaparecer nas relações na Web, e este é provavelmente o aspecto mais preocupante: a desumanização progressiva do utilizador, a perda de contato com a sua própria humanidade, que se caracteriza por limites, toques, cheiros, sabores. Se o virtual se torna a única forma de se exprimir e de se relacionar, chega-se à tendência para eliminar a corporeidade, com graves repercussões na autoidentidade e no significado atribuído às mensagens (cada vez mais numerosas) recebidas. A invisibilidade leva a um aumento do sentimento de onipotência e a uma diminuição da consciência do que é dito e "publicado" na rede; por outro lado, há uma sensibilidade acrescida às mensagens negativas e persecutórias, que são vividas de forma ainda mais destrutiva do que nas situações da vida física. [123]

O ambiente digital não pode tornar-se a única forma de expressão e de relacionamento de uma pessoa. Além de ser um fator de doença física e mental, não é o que a fé cristã ensina e orienta. O contato físico, a relação pessoal é uma necessidade fundamental e essencial da existência humana. No contexto da vida eclesial, pastoral e comunitária da fé cristã, o encontro concreto com as

---

123 G.Cucci, Paraíso virtual ou infer.net? Riscos e oportunidades da revolução digital, p. 32-33

pessoas é condição primordial para a realização do mandato missionário de Jesus. Também na vivência do mandamento do amor (cf. Jo 13,34). Não se pode amar e fazer caridade apenas virtualmente.

> A caridade fez com que o Verbo se fizesse carne e habitasse entre nós. Dito de outro modo, o que distingue a caridade de uma hipotética valorização supra-humana das nossas ações é o fato de ela se desenvolver eminentemente na proximidade física, no face a face e no lado a lado, num *convivium* de que a celebração eucarística é a fonte e o cume. Não se trata, portanto, de enviar mensagens. Cristo não diz aos seus discípulos: "Mandai recados a todo o mundo", mas "Ide por todo o mundo". A mensagem da fé e a coerência da caridade estão na proximidade do mensageiro.[124]

Ultrapassar o obstáculo da indiferença exige a intencionalidade de querer encontrar e reconhecer o nosso vizinho virtual como uma pessoa real e não como um mero número na esfera digital. É próprio da fé cristã viver em comunidade, e este caráter genuíno do cristianismo abrange também a dimensão da *rede*.

> As redes podem também abrir portas a outras dimensões da fé. De fato, muitas pessoas estão a descobrir, graças aos contatos estabelecidos inicialmente em linha, a importância dos encontros

124 P.Asolan, Sete lições sobre a caridade, Editrice San Liberale - Treviso, 2017. p.125.

presenciais, das experiências comunitárias ou mesmo das peregrinações, elementos sempre importantes no caminho da fé. Ao tentar tornar o Evangelho presente no ambiente digital, podemos convidar as pessoas a viver encontros de oração ou celebrações litúrgicas em lugares concretos, como igrejas ou capelas.[125]

Como já referimos, muitas pessoas encontram nas redes sociais um espaço no qual podem integrar, ajudar, fortalecer e viver um autêntico espírito comunitário cristão através de encontros e grupos de oração, participação nas celebrações da Santa Missa, Adoração ao Santíssimo Sacramento (em locais onde não é possível ir pessoalmente), acompanhamento e orientação espiritual, partilha de recursos formativos, leitura e meditação da Palavra da Liturgia Diária, oração da Liturgia das Horas, momentos devocionais e iniciativas caritativas etc. Todos esses encontros decorrem virtualmente através de sites e plataformas como o Instagram, Facebook, YouTube e outros.

> Os internautas religiosos são mais intensamente devotos do que a maioria dos americanos [...] Em linha, procuram textos de referência (por exemplo, informações sobre a sua doutrina), contextos sociais (grupos de conversação religiosos), materiais devocionais, aconselhamento e apoio. As organizações religiosas também tentam aumentar

---

125 A. Spadaro, *Redes sociais: Portas da verdade.* URL: <https://www.cyberteologia.it/2013/05/reti-sociali-porte-di-verita-e-di-fede-nuovi-spazi-di-evangelizzazione-la-47a-giornata-mondiale-delle-comunicazioni-sociali-2013/> (datado de 12/03/2024).

> o seu número de seguidores através de sites Web. Larsen conclui que navegar na Internet ajuda aqueles que já são devotos, a Internet é um grande recurso para aqueles que já são religiosamente ativos.[126]

Aproveitando o poder de alcance e de influência das redes sociais, a Igreja é chamada a utilizar essas ferramentas, sem nunca esquecer que, mesmo no campo da evangelização, o encontro digital não deve anular ou substituir o contato físico. O Papa Paulo VI, na sua Exortação Apostólica *Evangelii Nuntiandi,* afirma que, na missão de transmitir o Evangelho de Jesus, o contato físico é indispensável. O testemunho concreto (face a face) de quem fez uma experiência pessoal com a pessoa de Jesus é um meio privilegiado de transmissão da fé cristã e não pode ser descurado nos nossos dias.

> Por isso, a par do anúncio geral do Evangelho, permanece válida e importante a outra forma da sua transmissão, de pessoa a pessoa. O Senhor praticou-a muitas vezes — como atestam, por exemplo, os colóquios com Nicodemos, Zaqueu, a Samaritana, Simão Fariseu e outros — e também os Apóstolos. Mas haverá outra forma de expor o Evangelho que não seja transmitir a própria experiência de fé aos outros? Não deve acontecer que a urgência de anunciar a Boa Nova a multidões de homens faça esquecer esta forma de anúncio através da qual a consciência pessoal

---

126 W.Griswold, *Sociologia da Cultura,* Editrice il Mulino, Bolonha, 2022. p.211.

> de um homem é atingida, tocada por uma palavra inteiramente extraordinária que recebe de outro.[127]

Este encontro com o contato físico é também indispensável no contexto da celebração litúrgica da Eucaristia. É verdade que, quando as autoridades sanitárias proibiram as reuniões públicas durante a pandemia de COVID-19, "as paróquias ofereceram a *transmissão* ao vivo das Missas e, assim, o número de celebrações eucarísticas televisionadas e online aumentou significativamente". [128]

Após a pandemia, as celebrações eucarísticas presenciais foram retomadas e muitas Basílicas, Catedrais, Paróquias, Santuários e comunidades continuaram a transmitir a Missa para os doentes que não podem deslocar-se pessoalmente a esses locais de culto. No entanto, não só os doentes, mas também os fiéis com melhor saúde se habituaram às celebrações eucarísticas virtuais e preferem assistir em vez de participar pessoalmente na Santa Missa. Isto tornou-se um problema pastoral. Como conseguir que estes fiéis católicos sejam de novo incitados a participar presencialmente nas celebrações eucarísticas?

> Não se pode compartilhar uma refeição através de uma tela. Todos os nossos sentidos participam, quando compartilhamos uma refeição: paladar e olfato, olhares que contemplam o rosto dos comensais, ouvindo as conversas à mesa.

---

127 P aulo VI, Exortação Apostólica *Evangelii Nuntiandi* sobre a evangelização no mundo contemporâneo, n. 46.

128 P.A.Soukup, *Media, Church and Pandemic.* URL: < https://www.laciviltacattolica.it/articolo/media-chiesa-e-pandemia/ > (datado de 27/03/2024).

> Compartilhar uma refeição à mesa é nossa primeira educação sobre a atenção aos outros, uma maneira de promover relacionamentos entre membros da família, vizinhos, amigos e colegas. Do mesmo modo, no altar participamos com a pessoa inteira: mente, espírito e corpo estão envolvidos. A liturgia é uma experiência sensorial; entramos no mistério eucarístico através das portas dos sentidos, que são despertados e alimentados na sua necessidade de beleza, significado, harmonia, visão, interação e emoção. Acima de tudo, a Eucaristia não é algo a que podemos simplesmente "assistir"; é algo que realmente nos nutre.[129]

O Papa Francisco, na sua mensagem para o 50º Dia Mundial das Comunicações Sociais com o tema: "Comunicação e Misericórdia: um encontro fecundo", referindo-se à comunicação no ambiente físico ou digital, considera-a como uma grande possibilidade potencialmente capaz de construir pontes que favoreçam o encontro e a inclusão, a paz e a harmonia entre as pessoas.

> A comunicação tem o poder de construir pontes, de favorecer o encontro e a inclusão, enriquecendo assim a sociedade. Como é belo ver as pessoas escolherem cuidadosamente as palavras e os gestos para ultrapassar mal-entendidos, curar memórias feridas e construir paz e harmonia. As palavras podem construir pontes entre pessoas, famílias, grupos sociais, povos. E isto tanto no ambiente físico como no digital. Por isso, que as

129 Dicastério para a Comunicação, Rumo à presença plena, n. 61.

> palavras e os atos sejam de molde a ajudar-nos a sair dos círculos viciosos da condenação e da vingança, que continuam a enredar indivíduos e nações, e que conduzem a mensagens de ódio. A palavra do cristão, pelo contrário, tem por objetivo fazer crescer a comunhão e, mesmo quando deve condenar firmemente o mal, nunca pretende romper a relação e a comunicação.[130]

Apesar de vivermos em um ambiente globalmente conectado e *onlife*, é evidente que as pessoas ainda não aprenderam a viver, em plenitude, no respeito mútuo, no diálogo, na partilha, na empatia, na fraternidade e na paz — características e elementos essenciais de toda a vida humana. A nossa realidade está cada vez mais ameaçada pelo ódio, pela discórdia e por várias formas de violência que geram um mundo fragmentado e ferido. A comunicação efetiva torna-se um instrumento fundamental para construir relações maduras e uma sã comunhão entre povos, línguas e nações. E os missionários digitais são chamados a promover e construir esta relação e comunhão que faz do mundo um lugar melhor.

---

130 Francisco, Mensagem para o 50º Dia Mundial das Comunicações Sociais, (24 de janeiro de 2016).

## RELAÇÕES COMUNITÁRIAS OU SIMPLES INTERAÇÕES VIRTUAIS?

Vivemos num planeta cada vez mais interligado. A interação entre o indivíduo e os meios de comunicação social é cada vez mais rápida e frequente. Atualmente, uma grande parte da vida cotidiana de muitas pessoas é fortemente influenciada ou altamente dependente do mundo digital. Como disse Manuel Castelles, vivemos numa "cultura da virtualidade" que tem uma dimensão eterna e efêmera.

> A comunicação mediada por computador torna possível o diálogo em tempo real, unindo pessoas com interesses comuns, escrevendo em chats multilaterais e interativos [...] Estamos perante uma cultura que é simultaneamente eterna e efêmera. É eterna porque se estende para a frente e para trás ao longo de toda a sequência de expressões culturais. É efêmera porque cada configuração, cada sequência específica depende do contexto e do objetivo para o qual uma dada construção cultural é interrogada e solicitada. Não estamos numa cultura de circularidade, mas num universo de temporalidade indiferenciada de expressões culturais.[131]

131 M. Castells, *The Birth of the Networked Society,* [Tradução Lara Turchet], UBER Paperback, 2014, p.525-526.

As várias dimensões da vida humana, como a pessoal, a familiar, a profissional, a acadêmica e a espiritual, já estão diretamente imersas e significativamente influenciadas pela Internet, pelas redes sociais e pelas novas tecnologias associadas à cultura baseada nas características de virtualidade do mundo digital. Mesmo os meios rurais mais remotos, que no passado tinham inúmeros e quase intransponíveis problemas para comunicar através das novas tecnologias, hoje já ultrapassaram essas dificuldades. Como diz o Papa Francisco, "devido à influência dos meios de comunicação social, não são alheios a estas transformações culturais que provocam também mudanças significativas nos seus modos de vida".[132]

> Uma grande parte da população mundial parece estar obrigada a utilizar a comunicação digital como único meio de contato com os outros. [133]O tempo passado em *linha* aumentou exponencialmente, como mostra o inquérito Digital 2021 realizado pela *We Are Social* [...] Aparelho celular*:* 5,22 mil milhões de pessoas utilizam celular, ou seja, 66,6% da população. Trata-se de um crescimento de 1,8% ao ano, ou seja, 93 milhões de pessoas terão acesso a um celular pela primeira vez em 2020. *Internet:* 4,66 mil milhões de pessoas acedem à Internet, um aumento de 7,3% (ou 316 milhões) em relação a janeiro de 2020. A penetração global da Internet é de 59,5%, mas os números podem ser ainda

---

132 Francisco, Exortação Apostólica *Evangelli Gaudium* sobre o anúncio do Evangelho no mundo de hoje (24 de novembro de 2013), n. 73.

133 No URL: < https://wearesocial.com/it/blog/2021/01/digital-2021-i-dati-globali/ > (em 18/04/2024).

mais elevados devido a problemas relacionados com o rastreio adequado dos utilizadores da Internet, ligados à pandemia de COVID-19. *Redes sociais*: existem 4,20 mil milhões de utilizadores de plataformas sociais, um aumento de 13%, ou seja, 490 milhões de pessoas. A difusão das plataformas sociais atinge assim 53% da população mundial.[134]

Neste contexto da *infosfera*, um fenômeno que tem crescido cada vez mais é o da influência digital. Esse tema desperta interesse e está já sendo estudado nos domínios da filosofia, da comunicação, da psicologia, da sociologia, da educação e de outras disciplinas. Esse fenômeno mostra como a ação dos influenciadores digitais está tendo impacto e ganhando cada vez mais importância na vida cotidiana das pessoas, influenciando-as diretamente e transformando a forma de pensar, sentir, agir, bem como a forma de se comportar e de se relacionar, tanto consigo próprias, como com os outros, com Deus e com o ambiente.

No entanto, é necessário refletir sobre se este tipo de evangelização nas redes sociais gera realmente relações comunitárias e sinodais ou se é apenas uma mera interação virtual.

A vida em linha é extremamente sedutora e viciante. O ambiente digital é como uma "floresta encantada" [135] que exerce um grande fascínio e apresenta perigos, como

134 A.Teti, *Cyber Influence: Propaganda, persuasion and psychological conditioning online,* Il Sole 24 ORE, Milão, 2023, 5-6.

135 Termo utilizado pelo Professor Massimiliano Padula na terceira parte do seu livro (*Il futuro al centro: Bambini e adolescenti nella scena mediale contemporanea,* Egea, Milão, 2023) para definir os principais riscos do ambiente digital.

as patologias que resultam desta exposição exagerada em frente a uma tela, totalmente imersa no mundo da realidade digital. Existem atualmente numerosos estudos sobre esta nova forma de dependência: a dependência digital (*Internet Addiction*). No seu texto “Os perigos da floresta encantada”, o Professor Massimiliano Padula escreve:

> Os relacionados com o isolamento e a dependência (hikikomori, vamping); 3. Os relacionados com as perturbações alimentares e a percepção do próprio corpo (Pro-Ana e Pro-Mia); 4. Os relacionados com a alteração da identidade (identidades múltiplas ou falsas); 5. Os relacionados com a dimensão sexual ou afetiva (ghosting, sexting, dependência sexual).[136]

Não podemos fechar os olhos a esses e a muitos outros riscos e danos evidentes que o mal uso da web pode trazer ao ser humano. Nomeadamente, a possibilidade de o ambiente digital, em especial as redes sociais, deixar de ser um lugar de encontros frutuosos, de fraternidade, de comunhão e de humanidade, para se tornar um lugar de interações superficiais que podem roubar-nos a dignidade pessoal e até prejudicar gravemente a própria vida humana.

O filósofo católico, teólogo, psicólogo, crítico literário e de arte Romano Guardini (1885-1968), entre o Pentecostes de 1923 e o outono de 1925, fez uma série de reflexões e escreveu nove cartas (*Lettere dal lago di Como — La tecnica e l’uomo*), que tratam essencialmente da relação entre o homem e a tecnologia. “A Carta VII

---

136 M.Gavrila, M.Padula, O futuro no centro: as crianças e os adolescentes na cena mediática contemporânea, prefácio de Marcello Ciannamea, edição Egea, Milão, 2023, p.103.

exprime o medo do homem perante o avanço da técnica: a perda do natural, do humano; a perda da 'medida' humana".[137]

Guardini, escreveu longamente sobre como a arte, a arquitetura, a escrita do pensamento teológico e filosófico, a escultura, a cultura, o trabalho e o processo natural de crescimento da natureza, a cultura em geral, precisavam de um certo tempo para serem pensados e criados, para poderem crescer e amadurecer. De fato, ele acreditava que "tudo podia atingir a sua plena maturidade [...] O conteúdo próprio de cada vida teve tempo para emergir em plena luz e encontrar a expressão adequada ao seu ser". [138]

O autor exprime toda a sua preocupação e dúvidas sobre o que poderá acontecer após a criação das máquinas. Ou seja, sobre os excessos da "produção desenfreada que deve [...] provocar um consumo desenfreado. A este ritmo, nada tem tempo para amadurecer. Tudo tem de andar depressa, pelo caminho mais curto e mais barato, no mundo mais impessoal, em massa". [139]

Romano Guardini considera que a tecnologia, em vez de construir, é capaz de destruir todo um patrimônio e que só o que é puro em si mesmo e autêntico na alma humana será salvo. Vejamos suas próprias palavras:

---

137 F. Ammendolia - R. Petricca, Igreja e pastoral digital, p.27.

138 R.Guardini, *Lettere dal lago di Como - La tecnica e l'uomo*, Morcelliana, Brescia, 2022, p.66 -67.

139 *Ibid,* p.70.

> Tenho a impressão de que o nosso património foi apanhado nas engrenagens de uma máquina monstruosa, capaz de destruir tudo. Estamos a ficar pobres, cada vez mais pobres! Só o que é puro, autêntico, em si mesmo e nas nossas almas, se salvará. Talvez não tenhamos outra maneira de evitar uma realidade verdadeira. Arruinadas as coisas, as palavras, as formas. Arruinados também os homens.[140]

Falando do perigo desse "mundo mais impessoal" resultante do avanço tecnológico e da devastação das coisas, das palavras, das formas e até do próprio homem, Guardini sublinhou de maneira clara os danos causados quando o bem da humanidade não está no centro da evolução e do progresso tecnológico, mas sim os interesses financeiros ligados à produção industrial em massa. É claro que não falava diretamente dos sistemas informáticos, da Internet, das redes sociais e da inteligência artificial, mas o seu pensamento é profético para os nossos tempos, como afirma Fortunato Ammendolia nestas palavras:

> Pode dizer-se que a visão de Guardini é uma profecia para os dias de hoje. Dela parece emergir o desejo de construir uma Sociedade 5.0[141] —

---

140 *Ibid*, p.75.

141 O conceito foi introduzido pelo governo japonês em 2016. "É designada por 5.0 porque se segue à sociedade dos caçadores-recoletores (a 1.0), à sociedade agrícola (a 2.0), à sociedade industrial (a 3.0) e à sociedade da informação (a 4.0). A sociedade 5.0 pode tomar forma graças às tecnologias digitais e à hiperconexão: automação, robótica, Internet das Coisas, Big Data e Inteligência Artificial, podem tornar-se oportunidades para melhorar a qualidade de vida, para contribuir para uma existência cada vez mais humana". in F. Ammendolia - R. Petricca, *Chiesa e Pastorale digitale*, p. 29.

> *modelo orientado para a tecnologia humana* — onde a verdadeira evolução tecnológica coloca o bem-estar das pessoas em primeiro lugar. Uma sociedade que coloca o homem no centro; uma sociedade onde o mundo físico e o mundo digital se fundem cada vez mais; uma sociedade de conhecimento intensivo; uma sociedade orientada para os dados.[142]

Falando sobre a Inteligência Artificial na sua mensagem para o 58º Dia Mundial das Comunicações Sociais 2024, o Papa Francisco, depois de citar Romano Guardini, sublinha

> Nesta época que corre o risco de ser rica em tecnologia e pobre em humanidade, a nossa reflexão só pode partir do coração humano. Só nos dotando de um olhar espiritual, só recuperando uma sabedoria do coração, poderemos ler e interpretar as novidades do nosso tempo e redescobrir o caminho para uma comunicação plenamente humana. O coração, biblicamente entendido como a sede da liberdade e das decisões mais importantes da vida, é símbolo de integridade, de unidade, mas evoca também afetos, desejos, sonhos, e é sobretudo o lugar interior do encontro com Deus. A sabedoria do coração é, portanto, a virtude que nos permite entrelaçar o todo e as partes, as decisões e as suas consequências, as

142 F. Ammendolia - R. Petricca, *Igreja e pastoral digital*, p.28-29.

alturas e as fragilidades, o passado e o futuro, o eu e o nós.[143]

Se a tecnologia não contribuir para tornar os seres humanos mais humanos, ajudando-os a viver melhor consigo mesmo, em comunidade e com o planeta, a nossa casa comum deixa de ser um instrumento para promover a vida e torna-se uma evidente arma de destruição. O progresso tecnológico deve estar a favor de uma comunicação plenamente humana e não o contrário. Para isso, Francisco sublinha a necessidade de recuperar a sabedoria do coração e, com ela, aprender a discernir a melhor forma de utilizar as novidades que o progresso tecnológico nos oferece.

O filósofo coreano Byung-Chul Han faz uma reflexão profunda sobre a importância das coisas do coração face a uma sociedade que deixou de experimentar o real, deixando de lado a ritualidade da vida, a escuta e a capacidade de encontrar verdadeiramente o outro e de criar com ele uma relação frutuosa.

Para explicar melhor o conceito de relações humanas, cita um diálogo do livro "O Principezinho", de Saint-Exupéry. O diálogo tem lugar entre o Principezinho e a personagem da raposa, e diz respeito ao significado expresso pelo termo "cativar". Quando o Principezinho lhe pergunta o que significa cativar, a raposa responde que "é uma coisa que já não se usa" [144], mas depois tenta explicar

143 Francisco, Mensagem para o 58º Dia Mundial das Comunicações Sociais, (24 de janeiro de 2024).

144 A. De Saint - Exupéry, O Principezinho, tradução de A. Bajani, Einaudi, Turim, 2015, p.90.

como é que isso é possível, dizendo: "Mas se me cativasses, precisaríamos um do outro. Tu tornar-te-ias para mim única no mundo. Eu tornar-me-ia para ti único no mundo".[145] O filósofo coreano utiliza este diálogo da literatura mundial para sublinhar a importância do encontro, da escuta, do diálogo e da linguagem do coração para criar comunidade e proximidade.

> O principezinho dá-lhe tempo "escutando". A escuta dirige-se ao outro [...] O ego que se fortalece não pode escutar porque só ouve falar a si próprio, em todo o lado. O coração bate pelo outro. Até nas coisas do coração encontramos o outro. Hoje, porém, não temos tempo para o outro. O tempo, entendido como tempo do eu, cega-nos para o Outro. Só o tempo para o Outro pode criar um vínculo intenso, uma amizade, uma comunidade. É o tempo bom. [146]

A exibição exagerada nas redes sociais com a intenção de conseguir o maior número possível de engajamentos e seguidores — e o desejo exagerado de estar sempre visível e disponível numa vida que expõe narcisicamente a própria intimidade como um espetáculo —, anula também a privacidade pessoal e a individualidade, e prejudica a saúde mental de quem se expõe e de quem consome esses conteúdos.

---

145 *Ibid.*

146 B. Chul-Han, *Le non cose: Come abbiamo smesso di vivere il reale*, Tradução de Simone Aglan Buttazi, Einaudi, Turim, 2023, p.77.

Na sua carta encíclica *Fratelli tutti,* o Papa fala do "direito à intimidade" e do grande risco que as pessoas correm ao exporem a intimidade e seus assuntos pessoais nos ambientes digitais, fazendo da própria vida uma espécie de espetáculo:

> Paradoxalmente, à medida que crescem as atitudes fechadas e intolerantes que nos isolam dos outros, as distâncias reduzem-se ou desaparecem ao ponto de se perder o direito à intimidade. Tudo se torna uma espécie de espetáculo que pode ser espiado, vigiado, e a vida é exposta a um escrutínio constante. Na comunicação digital, quer-se mostrar tudo e cada indivíduo torna-se objeto de olhares que vasculham, desnudam e divulgam, muitas vezes anonimamente. O respeito pelo outro desmorona-se e, desta forma, ao mesmo tempo que o desloco, ignoro e mantenho à distância, sem qualquer pudor, posso invadir a sua vida ao extremo.[147]

Há muitos riscos na exposição irresponsável da vida de uma pessoa na Internet. Os conteúdos publicados podem ser perigosamente recolhidos e monitorizados por pessoas mal-intencionadas que podem utilizar esses dados de forma muito prejudicial e fraudulenta, como a promoção de raptos. O roubo de dados privados ou a aquisição ilícita de fotografias e imagens pessoais. Fotos que depois são alteradas e retocadas com programas de edição de fotos (*deep fakes*) e depois revendidas ilicitamente em sites de

---

147 Francisco, Carta Encíclica *Fratelli tutti* sobre a fraternidade e a amizade social, (3 de outubro de 2020), n.42.

promoção da prostituição. Para além destes problemas, há muitos outros que resultam da exposição exagerada em ambientes digitais.

Hoje em dia, os *reality shows* e as redes sociais inundam o universo midiático e cada vez mais pessoas anônimas procuram a notoriedade na Internet para alcançar o sucesso, a fama e o poder dentro da chamada *Sociedade do Espetáculo*148. Os chamados influenciadores digitais tornaram-se, dentro da lógica do mercado, algo muito rentável do ponto de vista monetário. Em seu livro "O Show do Eu: A intimidade como espetáculo", Paula Sibilia explica como os influenciadores conseguem, graças à parceria com empresas, muito dinheiro e grande poder de influenciar as escolhas das pessoas:

> É o caso, por exemplo, de Indy Clinton, da Austrália, uma estudante de 17 anos que, em 2015, ganhou pouco menos de mil dólares por cada selfie que partilhou na sua conta do Instagram. São as chamadas "celebridades da Internet" que, sem fazer nada de especial para além do que toda a gente faz — expor a sua vida e o seu corpo nas redes sociais —, ganham muitos seguidores e, assim, atraem o interesse das empresas, que lhes oferecem dinheiro para publicarem fotos

148 *A Sociedade do Espetáculo* é o título de um livro de Guy Debord, de 1967, no qual o escritor francês denunciava que a arte da conversação estava morta. Embora essa afirmação possa parecer estranha, faz sentido para os nossos dias, porque hoje, apesar da facilidade de comunicação, o grande bombardeamento de mensagens de texto, áudio e vídeo que chegam às caixas de correio eletrônico, às redes sociais e às aplicações de chat não favorecem o diálogo autêntico e frutuoso. Muitos querem falar, aparecer, exibir-se, e poucos querem ouvir, dialogar de fato.

a promover os seus produtos de forma mais ou menos velada.[149]

No seu livro "Sociedade da transparência", Byung-Chun Han, referindo-se à cultura digital, utiliza a expressão "transparência excessiva" para denunciar o mal uso que impede as pessoas de gerirem a sua intimidade de forma judiciosa, expondo-a de forma imprudente, daí o conceito de "demasiado transparente". Neste contexto, a privacidade perde o seu valor. Esta cultura da transparência afeta muitos domínios da sociedade, como a política, a arte, a tecnologia e a sexualidade humana. No domínio da tecnologia, por exemplo, cria a marginalização de grupos minoritários e a perpetuação de estereótipos nocivos.

O autor defende ainda que, num contexto em que as relações são substituídas por ligações virtuais, na comunicação sem comunidade há um "desaparecimento dos rituais", o que leva a uma ausência de sacralidade. No mundo das redes sociais, o que deve aparecer sempre é tudo o que é novo e positivo. Não há lugar para o obsoleto e o negativo. A negatividade é proibida, e a positividade é o critério predominante para poder publicar nos meios de comunicação social. A vida deve ser mostrada como bela e feliz.

"A sociedade da intimidade desconfia dos gestos rituais e dos comportamentos cerimoniais e formais; estes

149 P. Sibilia, O Show do Eu: A intimidade como espetáculo, Contraponto Editora, Rio de Janeiro, 2016, p.38.

parecem-lhe demasiado exteriores e inautênticos"[150]. As relações tornam-se voláteis, mecânicas e superficiais. Não há interesse em refletir, contemplar e aprofundar o que foi apresentado no conteúdo publicado. Nesta sociedade da transparência, a dimensão do mistério é esmagada pelo que é visível. A transparência excessiva tenta mostrar tudo de forma rápida, clara e evidente. A exposição crua da realidade quebra a barreira entre o que é público e o que é privado, restando apenas uma apreciação superficial do que é visto e ouvido.

> As redes sociais e os sites de pesquisa criam um espaço de proximidade absoluta em que o exterior é eliminado. Existe apenas o eu e o igual; não há negatividade que possa ser alterada. Esta proximidade digital apresenta ao participante as partes do mundo de que ele gosta. Ao fazê-lo, mina o caráter público, a consciência pública; sim, a consciência crítica, privatizando o mundo. A Web torna-se uma esfera íntima ou uma zona de conforto. A proximidade através da qual a distância é eliminada é também uma forma de expressão da transparência.[151]

As redes sociais são um novo ambiente que visa gerar interação, comunicação, reforço e construção de relações. Podem unir pessoas distantes e dar a oportunidade de conhecer novas pessoas. Paolo Padrini defende que as

---

150 B. Chul Han, Sociedade da transparência, Editora VOZES, Petrópolis - RJ, 2017, 41.

151 B. Chul Han, Sociedade da transparência, Editora VOZES, Petrópolis - RJ, 2017, 41.

redes sociais não são "terra de ninguém" como alguns afirmam. As redes sociais não são lugares distantes, ou lugares que não têm significado para nós. [152]Não são lugares de ninguém, mas os nossos lugares, onde realizamos e construímos as nossas vidas (relações, comunidade, afetividade)".

> A verdade do Evangelho não é algo que possa ser consumido ou desfrutado superficialmente, mas um dom que exige uma resposta livre. Mesmo que seja proclamada no espaço virtual da web, precisa sempre de ser encarnada no mundo real e dirigida aos rostos concretos dos irmãos e irmãs com quem partilhamos a vida cotidiana. É por isso que as relações humanas diretas continuam a ser fundamentais na transmissão da fé.[153]

Embora já tenha sido provado que as redes sociais são esse importante espaço social que promove a comunicação e a construção de relações, não podem ser a única forma de relacionamento do ser humano. Como salienta o Papa, elas destinam-se a complementar e não a substituir o encontro de carne e osso através do contato físico. É necessário passar de uma ligação meramente digital para uma comunhão pessoal.

As relações comunitárias nas redes sociais devem reforçar as comunidades locais e vice-versa. "O uso da rede social é complementar ao encontro na carne, que

---

152 P. Padrini, Redes sociais e formação religiosa: um guia prático, San Paolo. Milão, 2014. 25.

153 Bento XVI, Mensagem para o 47° Dia Mundial das Comunicações Sociais, "Redes sociais: portas da verdade e da fé; novos espaços de evangelização" (24 de janeiro de 2013).

ganha vida através do corpo, do coração, dos olhos, do olhar e da respiração do outro. Se a rede for utilizada como prolongamento ou expectativa desse encontro, então o conceito de rede não é traído e continua a ser um recurso para a comunhão.[154]

As redes sociais são o ponto de encontro em que grande parte das nossas vidas se desenrola e se constrói atualmente. Por isso, não pode ser apenas um lugar de entretenimento, diversão e interações superficiais. Deve ser um lugar no qual se constrói a comunhão. É necessário que os evangelizadores digitais católicos, mas também toda a comunidade cristã, tomem consciência e assumam a responsabilidade de ser uma presença plena para além de uma tela.

Quando se trata de evangelização e de vida cristã, as relações humanas devem ultrapassar os limites da esfera midiática virtual e partir do real, do palpável, do corpóreo. Seguindo o exemplo das primeiras comunidades cristãs descritas nos Atos dos Apóstolos e a experiência eclesial destes séculos de cristianismo, os cristãos são chamados a um encontro de pessoas reais que celebram os mistérios da sua fé na fraternidade, no amor, na unidade e na comunhão.

---

154 Bento XVI, Mensagem para o 47º Dia Mundial das Comunicações Sociais (24 de janeiro de 2013).

## OUVIR COMO UMA PRESENÇA PLENA NAS REDES SOCIAIS

A palavra "Escutar" vem do latim *auscultare*, que significa estar a escuta, ouvir atentamente. A audição é um dos cinco sentidos humanos que permite relacionar-nos com nós mesmos, com os outros e com Deus. Escutar não é apenas um gesto físico, "escutar, de fato, não tem a ver apenas com o sentido da audição, mas com toda a pessoa". [155]

Escutar é mais do que apenas ouvir. Hoje em dia, fala-se muito da necessidade de uma escuta ativa. A verdadeira escuta exige uma atitude participativa em que todos os outros sentidos são envolvidos. O ouvinte deve escolher estar totalmente presente ao orador sem distrações, juízos de valor, interrupções, renunciando à tentação de pensar no que ele vai dizer a seguir. O Papa fala deste perigo citando o filósofo Abraham Kaplan, vejamos:

> De fato, em muitos diálogos, não comunicamos de todo. Estamos simplesmente à espera que a outra pessoa acabe de falar para impormos o nosso ponto de vista. Nestas situações, como observa o filósofo Abraham Kaplan, o diálogo é um *duólogo*, um monólogo a duas vozes. Na verdadeira comunicação, por outro lado, o "eu" e

155 Francisco, Mensagem para o 56º Dia Mundial das Comunicações Sociais - Escutar com o ouvido do coração, (24 de janeiro de 2022).

o "tu" são ambos "extrovertidos", inclinados um para o outro.[156]

Nesse contexto de escuta ativa do outro, é necessário ter uma atitude atenta que demonstre interesse, como por exemplo: contato visual, perguntas oportunas e parafrasear o que foi dito, ou seja, resumir com as suas próprias palavras o que ouviu do outro. Isto mostra que o ouvinte compreendeu realmente o que ouviu.

Saber ouvir requer humildade e paciência. Humildade para saber com quem falar e paciência para permitir que o outro se exprima livremente a partir do que ouve, sem ser interrompido ou mal interpretado. Enquanto ouvir é uma ação mais fisiológica, escutar é uma ação mais intencional. Trata-se de dar espaço para criar uma verdadeira ligação com o orador. Isso também permite a capacidade de gerar empatia, ou seja, de se colocar no lugar do outro com respeito e justiça.

Há muitos cursos para aprender a arte da boa oratória, da retórica, de falar e de se exprimir bem. Mas não existe um curso para aprender a ouvir bem os outros, o que é fundamental em muitos aspectos da vida. De fato, saber ouvir, para além de ser uma ferramenta essencial na construção de uma boa comunicação, é também uma forma de reconhecer o valor e a dignidade de quem se expressa. Afinal, todos os seres humanos querem ser ouvidos, compreendidos e considerados.

---

156 Ibid.

> Comunicação significa partilha, e partilha requer escuta, acolhimento. Escutar é muito mais do que ouvir. Ouvir, por outro lado, está relacionado com a esfera da informação; escutar, por outro lado, está relacionado com a esfera da comunicação e requer proximidade. Escutar permite-nos adotar a atitude certa, sair da condição silenciosa de espectadores, de utilizadores, de consumidores. Escutar significa também ser capaz de partilhar questões e dúvidas, de caminhar lado a lado, de se libertar de qualquer presunção de onipotência e de colocar humildemente as suas capacidades e dons ao serviço do bem comum.[157]

A escuta, como ensina Francisco, exige proximidade, acolhimento e partilha. Como o Bom Samaritano do Evangelho, que soube escutar com o coração a dor do ferido abandonado à beira da estrada. Pela sua proximidade, acolhe-o e partilha com ele os seus cuidados e o seu serviço. Comunica a misericórdia. Ele é o exemplo de quem escuta com o coração. Cada cristão é chamado a aprender a escutar também o que não é verbalizado. E um caminho necessário é o acolhimento.

O Papa Francisco, na sua mensagem para o 56° Dia Mundial das Comunicações Sociais, abordou a importância do verbo "escutar" na comunicação. A capacidade de ouvir é uma condição essencial para o diálogo autêntico entre as pessoas. "De fato, estamos perdendo a capacidade de escutar quem está à nossa frente, tanto no curso normal das

---

157 Francisco, Mensagem para o 50° Dia Mundial das Comunicações Sociais - Comunicação e Misericórdia: um encontro fecundo, (24 de janeiro de 2016).

relações cotidianas como nos debates sobre os temas mais importantes da vida civilizada"[158], afirmou o Pontífice.

Jesus diz aos seus discípulos que precisam de uma escuta de qualidade: "Prestai, pois, atenção ao modo como escutais" (Lc 8,18). O título desta mensagem papal sublinha a necessidade de aprender não só a escutar, mas a escutar com os "ouvidos do coração". Mais do que um título forte e uma expressão bonita, o Papa quer mostrar que a escuta ativa não envolve apenas a capacidade intelectual-racional, mas também os sentimentos, as emoções, enfim, todas as faculdades e sentidos devem estar plenamente preparados para escutar e precisam de ser escutados.

Na Sagrada Escritura, o ato de escutar está ligado ao ato de acreditar em Deus. Na raiz da palavra obediência está a capacidade de escutar. Obediente é aquele que escuta com o coração e obedece ao seu Senhor. O rei Salomão pediu sabiamente a Deus "um coração que escuta" (1Rs 3,9); Santo Agostinho de Hipona convidou os fiéis a escutarem com o coração; e São Francisco de Assis exortou os seus irmãos a "inclinar o ouvido do coração".

A escuta na Sagrada Escritura está ligada à relação dialógica entre o ser humano e Deus. Aceitar e viver a fé pressupõe a disponibilidade para escutar e obedecer à voz do seu Senhor.

> A partir das páginas bíblicas aprendemos que a escuta não significa apenas uma percepção acústica, mas está essencialmente ligada à relação

158 Francisco, Mensagem para o 56.º Dia Mundial das Comunicações Sociais – Escutar com o ouvido do coração, (24 de janeiro de 2022).

> dialogal entre Deus e a humanidade. O "Shema Israel - escuta, Israel" (Dt 6, 4) - as palavras iniciais do primeiro mandamento do Decálogo - é continuamente lembrado na Bíblia, a ponto de São Paulo afirmar que "a fé vem da escuta" (Rm 10,17). De fato, a iniciativa é de Deus, que nos fala, e a ela correspondemos escutando-O; e mesmo este escutar fundamentalmente provém da sua graça, como acontece com o recém-nascido que responde ao olhar e à voz da mãe e do pai. Entre os cinco sentidos, parece que Deus privilegie precisamente o ouvido, talvez por ser menos invasivo, mais discreto do que a vista, deixando consequentemente mais livre o ser humano.[159]

O documento "Rumo à presença plena" sublinha que, no contexto da evangelização nas redes sociais, uma boa comunicação depende de dois elementos muito importantes: a escuta e a consciência de que se está a encontrar e a relacionar-se com outra pessoa. O missionário digital, como pessoa que comunica o Evangelho, deve ter em conta estes elementos:

> Ele ou ela sabe que uma boa comunicação começa com a escuta e a consciência de estar diante de outra pessoa. A escuta e a consciência têm como objetivo facilitar o encontro e ultrapassar os obstáculos existentes, incluindo o da indiferença. Escutar desta forma é um passo essencial para envolver os outros, é um primeiro ingrediente

159 Francisco, Mensagem para o 56.º Dia Mundial das Comunicações Sociais, (24 de janeiro de 2022).

indispensável para a comunicação e um requisito para um diálogo autêntico.[160]

O sacramento da confissão, a prática da direção espiritual e o aconselhamento individual dão prioridade à escuta dos fiéis que procuram orientação para crescer na vida espiritual rumo à santidade. A história da Igreja é marcada por inúmeros homens e mulheres que se empenharam em escutar e aconselhar aqueles que a eles recorriam. Vale a pena recordar o exemplo de santos como S. Padre Pio de Pietrelcina, S. Leopoldo Mandic e S. João Maria Vianney, que passavam longas horas no confessionário escutando com o coração os seus penitentes vindos de todo o lado.

Escutar é uma forma cristã de servir. Por conseguinte, negar a escuta a alguém que precisa de ser ouvido, especialmente num momento de dor e angústia, é um contratestemunho cristão, bem como uma fonte de trauma profundo e devastador para um ser humano. Escutar o outro é também escutar o próprio Deus. O Papa Francisco exemplifica este fato citando o teólogo protestante Dietrich Bonhöffer, que escreveu que "o primeiro serviço de comunhão que devemos aos outros é ouvi-los. Quem não sabe escutar os seus irmãos e irmãs, em breve deixará de saber escutar o próprio Deus".[161]

Para além do sacramento da reconciliação, muitas pessoas procuram um espaço de escuta na Igreja, necessitando de consolação, conforto, apoio, orientação.

---

160 Dicastério para a Comunicação, Rumo a uma presença plena, n. 25.

161 Francisco, Mensagem para o 56º Dia Mundial das Comunicações Sociais, Escutar com o ouvido do coração (24 de janeiro de 2022).

Há muitas pessoas que sofrem de patologias que afetam a esfera emocional e psicológica em geral. Para além do tratamento terapêutico e farmacológico adequado, procuram também na religião e na prática da fé o apoio para lidar com a depressão, os ataques de pânico, as crises de ansiedade, o luto ou o apoio para lidar com doenças graves como, por exemplo, o tratamento de câncer. E quando não são ouvidos e acolhidos pela Igreja nesses momentos de dor e sofrimento, sentem-se profundamente desiludidos e muito magoados.

Não é difícil encontrar fiéis que se afastaram da vida comunitária, abandonaram as atividades da vida paroquial, ou mesmo mudaram de igreja, porque não se sentiram ouvidos ou compreendidos nos seus pedidos de apoio afetivo e psicológico e na sua necessidade de apoio na vida de fé. Não encontraram nos seus ministros ou mesmo nos seus evangelizadores digitais, o abraço de uma Igreja samaritana que oferece um espaço de escuta atenta, respeitosa, acolhedora e misericordiosa.

Perante esta lacuna na ação pastoral da Igreja, é necessário introduzir uma "pastoral da escuta" neste contexto da cultura digital. Como no tempo da pandemia de COVID-19, em que a Igreja fez um esforço criativo para estar presente, ainda que através de um uma tela, em plataformas digitais como o *Skype*, o *Zoom*, o *Meet*, também hoje há muitas pessoas sofredoras e isoladas que precisam de ser evangelizadas através de uma escuta respeitosa e empática, isto é, com os "ouvidos do coração".

> Quando o Papa Francisco nos pede para 'escutar com o ouvido do coração', lança as bases de uma pastoral da escuta no tempo da cultura digital [...] Para o Papa, a comunicação pressupõe uma tomada de consciência em termos de responsabilidade e proximidade [...] Escutar o próximo, portanto, não significa apenas perceber o que ele comunica, mas encarnar-se na sua situação [...] Neste sentido, a escuta tem um valor teológico-pastoral (e não apenas humano), porque escutar significa "dar ouvidos" à história e, assim, permanecer aberto para ouvir nela a voz do Espírito. Esta dimensão (*kairológica*, segundo Sergio Lanza) lança também as bases de uma pastoral digital (o Papa Francisco chama-lhe "apostolado") que vive a escuta como uma oportunidade para "edificar a Igreja e a sua ação para a vida e a salvação do mundo".[162]

Numa sociedade tão contaminada por tantas formas de barulho, pressa e indiferença, em que todos querem falar e ser ouvidos, mas poucos querem realmente escutar, oferecer os "ouvidos do coração" a alguém é um desafio e um verdadeiro testemunho de caridade, paciência e sacrifício. É reconhecer a sacralidade daqueles que Deus coloca diante de nós.

Ouvir nunca é fácil. Por vezes, é mais cômodo fingir que se é surdo. Escutar significa prestar atenção, ter o desejo de compreender, valorizar, respeitar,

162 M.Padula, *L'ascolto come opportunità socio-pastorale: Riflessioni a partire dal Messaggio di papa Francesco per la 56ª giornata mondiale delle comunicazioni sociali.* Orientações Pastorais - C.O.P. (Centro de Orientação Pastoral. Dossiê. 5/2022, Mensal, Ano LXX, N 5, maio de 2022. p.40.

> acarinhar a palavra dos outros. Escutar é uma espécie de martírio, um sacrifício de si mesmo em que se renova o gesto sagrado de Moisés diante da sarça ardente: descalçar as sandálias na "terra santa" do encontro com o outro que me fala (cf. Ex 3,5). Saber escutar é uma graça imensa, é um dom que deve ser invocado e depois praticado.[163]

Com as suas ferramentas, as redes sociais permitem não só a possibilidade de se exprimir e dizer o que se quer através de fotos, vídeos e textos, mas também permitem aos missionários digitais interagirem com mensagens, chamadas áudio ou vídeo para ouvir os seus seguidores. Desta forma, os missionários digitais podem oferecer um grande testemunho não só como bons oradores, mas também como escutadores digitais.

O Pontífice afirma que, no trabalho pastoral do nosso tempo, "a obra mais importante é o apostolado do ouvido. Devemos escutar antes de falar, como exorta o apóstolo Tiago: "Cada um seja pronto a escutar e lento a falar" (Tg 1,19). "Dar livremente o nosso tempo livre para ouvir as pessoas é o primeiro ato de caridade".[164] Valentina Alazraki sublinha, no seu comentário à mensagem do Papa

---

163 Francisco, *Mensagem para o 50º Dia Mundial das Comunicações Sociais - Comunicação e Misericórdia: um encontro fecundo,* (24 de janeiro de 2016).

164 Francisco, *Mensagem para o 56.º Dia Mundial das Comunicações Sociais,* (24 de janeiro de 2022).

Francisco para o 56.º Dia Mundial das Comunicações Sociais, que os comunicadores devem ser "apóstolos do ouvido".[165]

## A SINODALIDADE COMO CONDIÇÃO PARA UMA PRESENÇA PLENA NAS REDES SOCIAIS

Antes de regressar ao Pai, Jesus ressuscitado foi ao encontro dos seus discípulos e disse-lhes: "Como o Pai me enviou, também eu vos envio a vós. Dito isto, soprou e disse-lhes: 'Recebei o Espírito Santo'" (Jo 20,21). A consciência de serem enviados pelo próprio Mestre Jesus e de estarem plenos da presença do Espírito Santo são duas condições necessárias para uma verdadeira obra de evangelização. A missão nas redes sociais é exigente e precisa de ter estas características que possam oferecer confiança e credibilidade àqueles a quem nos dirigimos para anunciar a Boa Nova do Evangelho de Jesus Cristo.

No livro "Converter Jonas — A Pastoral como Projeto", Sergio Lanza sublinha o que está e o que deve estar no centro da missão da Igreja. Assim ele afirma:

> No coração da missão, de ontem e de hoje, está a convicção de que em Jesus, Deus "disse-nos tudo e deu-nos tudo", que Ele é o único Salvador da humanidade, que só o dom do Espírito que Ele

---

165 Cf. V. Alazraki, *Os apóstolos do ouvido, em V. Corrado, P. C. Rivoltella (Eds.) Escutar com o ouvido do coração. Comentários à mensagem do Papa Francisco no 56º Dia Mundial das Comunicações Sociais.* Scholè, Editrice Morcelliana Brescia, 2022, p.77.

> envia do Pai pode renovar a face da terra e torná-la digna do homem. Esta referência cristológica e trinitária não tem o caráter de uma teoria abstrata: não diminui, antes exalta, o empenho de testemunhar na concretude da experiência histórica, cultural, existencial. A missão não é um anúncio abstrato e repetitivo, mas a capacidade de mostrar, com atos e palavras, que Jesus é o centro da história "o autor da vida".[166]

Esta capacidade de mostrar com gestos e palavras que Jesus é o autor da vida e o centro da história não pode nunca ser excluída da bagagem cultural dos missionários, particularmente no contexto do ambiente digital, pelos missionários digitais de hoje. É necessário compreender que o ambiente em rede é um "lugar social" no qual a comunicação do Evangelho deve ser feita com respeito e empenho, porque se trata de pessoas reais e não de meras figuras indistintas do outro lado de uma tela.

> O "lugar social", que Meyrowitz nos ajudou a delinear, constitui um dos inúmeros cenários de ação comunicativa em que o indivíduo é ator nas suas práticas cotidianas, mas com uma especificidade que torna o cenário de ação da rede absolutamente único [...] Estamos perante (e isto é realmente relevante) a criação de um novo lugar, real, em que se realiza uma comunicação que "é" relação; um lugar habitado por homens e mulheres

166 S. Lanza, *Convertire Giona*, p. 15.

> em relação, e não apenas por personagens que se relacionam funcionalmente entre si.[167]

Utilizar as redes sociais para evangelizar não é apenas uma questão de preferência pessoal ou de uma inclinação talentosa para seguir este caminho. É Jesus que chama, capacita e envia os discípulos de hoje para a missão também no ambiente digital. Somos chamados a lançar as redes do Evangelho nas redes virtuais. É Ele que concede o Espírito Santo com os seus dons e torna assim possível a missão e a evangelização frutuosa. Os cristãos não devem autoproclamar ou autodenominar um missionário digital nas redes sociais, sem antes terem os elementos necessários para este fim tão importante. O influenciador católico não pode se autoenviar como missionário nas redes sociais. É Cristo quem envia e faz isso por meio da sua Igreja. Portanto, um "missionário digital" que não possui comunhão eclesial (sinodalidade) com a sua Arquidiocese, Diocese, realidade paroquial e comunitária, em especial, com a Igreja Universal em comunhão com o Sumo pontífice, é alguém não confiável — embora possa parecer muito "ungido" e tecnicamente muito capaz naquilo que faz. Mas se não age de forma sinodal em comunhão com a Igreja, a sua "ação missionária digital" será partidária e individualista ferindo, assim, o princípio da unidade com o Corpo de Cristo que é a Igreja.

Uma das conclusões de um estudo realizado no Brasil sobre os influenciadores digitais católicos é grave e preocupante. Os pesquisadores observaram que:

---

167 P. Padrini, Redes sociais e formação religiosa: um guia prático (Prefácio do Cardeal Beniamino Stella). *São Paulo. Milão, 2014. 28.*

É possível ser um influenciador digital católico sem ser um evangelizador. Verificou-se que é possível utilizar corretamente os recursos digitais disponíveis para a comunicação e difusão de conteúdo baseados na doutrina católica, atingindo milhares ou mesmo milhões de pessoas e formando uma grande comunidade de seguidores. No entanto, tal influência não leva necessariamente a pessoa a um verdadeiro encontro com Jesus Cristo e a um processo de autêntica evangelização pessoal e eclesial, capaz de conversão.[168]

Assim, se é possível ser um digital influencer católico sem ser um autêntico evangelizador, então é necessário perguntar: o que fazer para reconhecer um verdadeiro missionário digital que evangeliza verdadeiramente segundo o mandato de Jesus e da sua Igreja? Para além das características peculiares que já foram sublinhadas nos capítulos precedentes, como, por exemplo, ter um verdadeiro testemunho de vida cristã baseado nos valores evangélicos, anunciar a Sagrada Escritura com base na Tradição e no Magistério da Igreja, ter sentido de responsabilidade pela missão que realiza e um elemento fundamental que é o da sinodalidade, o que já foi sinalizado anteriormente.

A sinodalidade está ordenada a animar a vida e a missão evangelizadora da Igreja em união e sob a guia do Senhor Jesus que prometeu: "onde dois ou três estiverem reunidos em meu nome, aí estou eu no meio deles" (Mt

168 Aa.Vv., Influenciadores digitais católicos: efeitos e perspectivas, p. 395-396. [Tradução minha].

18,20), "eis que estarei convosco até ao fim do mundo" (Mt 28,20). A renovação sinodal da Igreja passa, sem dúvida, pela revitalização das estruturas sinodais, mas exprime-se, antes de mais, na resposta ao chamamento gratuito de Deus a viver como seu Povo que caminha na história para a realização do Reino.[169]

O número 76 do documento "Rumo à presença plena" intitula-se: *Ser ativo, ser sinodal*. Indica como o influenciador digital católico deve realizar a sua missão nas redes sociais, sempre em plena comunhão com a Igreja, como um verdadeiro "tecelão de comunhão". Vejamos o que o documento indica:

> As redes sociais podem tornar-se uma oportunidade para partilhar histórias e experiências de beleza ou sofrimento que estão fisicamente longe de nós. Ao fazê-lo, podemos rezar juntos e procurar o bem juntos, redescobrindo o que nos une. Ser ativo significa participar em projetos que dizem respeito a vida cotidiana das pessoas: projetos que promovem a dignidade humana e o desenvolvimento, que visam reduzir as desigualdades digitais, que promovem o acesso digital, fomentam o acesso digital à informação e a alfabetização, que favorecem iniciativas de *gestão* e *financiamento coletivo para os* pobres e marginalizados e que dão voz aos que não têm voz na sociedade. Os desafios que enfrentamos são globais

169 COMISSÃO TEOLÓGICA INTERNACIONAL, *Synodality in the Life and Mission of the Church* (2 de março de 2018), n.º 103.

> e, por conseguinte, exigem um esforço de colaboração a nível mundial. Por conseguinte, é urgente aprender a atuar em conjunto, como uma comunidade e não como indivíduos. Não como "influenciadores individuais", mas como "tecelões de comunhão": juntando os nossos talentos e competências, partilhando conhecimentos e sugestões.[170]

A sinodalidade é um tema importante no pontificado do Papa Francisco. E esta importância deve-se ao fato de que a sinodalidade é uma dimensão constitutiva da Igreja e deve ser considerada em todas as suas ações e decisões. A Irmã Nathalie Becquart, no prefácio do livro do Papa Francisco sobre o tema da sinodalidade, "Caminhando Juntos", afirma que:

> "Francisco é o Papa da sinodalidade" [...] a sinodalidade é uma pedra angular do seu magistério. "No entanto", salientou a religiosa, "o Papa Francisco não se contenta em escrever sobre a sinodalidade, mas põe-na em prática através da sua forma de exercer o ministério petrino no diálogo e nos encontros concretos com as pessoas" [...] "a sinodalidade é também a forma de transmitir a fé hoje: é por isso que ele nos convida a refletir sobre a importância de compreender que

170 Dicastério para a Comunicação, Rumo a uma presença plena, n. 72.

> não se trata apenas de fazer o Sínodo, mas de se tornar o Sínodo".[171]

Falar teoricamente sobre a sinodalidade de pouco serve. O que é importante é aplicá-la em todos os momentos da vida pessoal e eclesial, porque a Igreja é comunhão desde o início. A Igreja sinodal baseia-se na eclesiologia do Concílio Vaticano II e caracteriza-se pelo respeito da dignidade e da consciência de cada cristão batizado, especialmente dos mais desfavorecidos.

A sinodalidade valoriza e promove a participação e a escuta ativa dos membros que constituem o Povo de Deus, com o objetivo de os preparar bem para a missão evangelizadora; por isso, "uma Igreja sinodal é uma Igreja participativa e corresponsável. No exercício da sinodalidade, ela é chamada a articular a participação de todos".[172]

Os fiéis cristãos devem abrir-se ao dinamismo do Espírito Santo. É Ele que une, ilumina, inspira, renova, dá força, recria e faz com que a sinodalidade se realize verdadeiramente no coração da Igreja e em cada uma das suas ações evangelizadoras. E os evangelizadores digitais ocupam um lugar importante neste âmbito.

Rumo a uma Igreja sinodal, é preciso, primeiro, compreender a cultura digital, com suas luzes e

---

171 E. Bonanata, Caminhar juntos: o livro do Papa Francisco sobre a sinodalidade, URL:<https://www.vaticannews.va/pt/vaticano/news/2022-12/caminhar-juntos-livro-papa-francisco-sinodalidade.html>(em 19/04/2024). [Tradução minha].

172 COMISSÃO TEOLÓGICA INTERNACIONAL, *Synodality in the Life and Mission of the Church* (2 de março de 2018), n.º 67.

> sombras, a fim de evangelizá-la. Os missionários digitais devem atentar para essas lógicas e dinâmicas de economia de dados, quando a monetização da atenção pode acabar levando a uma mercantilização da fé, na qual valor espiritual é medido em termos de engajamento ou de pagamento por serviços, comprometendo a práxis cristã inspirada no dom gratuito do amor de Deus [...] A Igreja, como instituição social e como comunidade de fiéis, tem contribuir na construção de ambiente de ambientes digitais mais *relacionais* e *humanizados*.[173]

A Irmã Natalie Becquart, subsecretária da Secretaria Geral do Sínodo dos Bispos, falando do estilo sinodal, mostra que a experiência da sinodalidade é uma experiência do Espírito Santo:

> Para entrar no estilo e na prática da sinodalidade, é preciso cultivar e desenvolver aptidões espirituais: a escuta, o diálogo, a empatia, a partilha, a liberdade interior e a liberdade de expressão, a humildade, a busca da verdade e, sobretudo, a fé e a confiança em Deus, ancoradas na oração e na Eucaristia. Confiança no Espírito Santo que sopra em cada pessoa e no grupo que caminha junto através da sinodalidade. A experiência da sinodalidade é, de fato, antes de mais, uma experiência do Espírito, é um caminho aberto, não traçado à partida, que se tece através do encontro, do diálogo e da partilha

173 Sbardelotto, M, Missionários no Ambiente digital: Em nome de quem? p. 50-51.

> que vem alargar e mudar a visão de cada um. É um caminho de humanidade e de fraternidade que faz de nós "uma família", uma comunidade.[174]

Na *Evangelii gaudium,* falando do desafio de uma espiritualidade missionária, Francisco destaca três males que afligem os evangelizadores, dos quais nem mesmo os evangelizadores digitais estão imunes. Diz o Papa: "Em muitos evangelizadores, apesar de rezarem, nota-se uma acentuação do individualismo, uma crise de identidade e uma diminuição do fervor. São três males que se alimentam uns aos outros".[175]

Quem usa as redes sociais para evangelizar não deve cair na tentação de adotar uma espiritualidade desencarnada e individualista. A espiritualidade sinodal e missionária são os pilares sobre os quais deve assentar a missão digital, para que possa desempenhar a sua tarefa com credibilidade e eficácia.

> A evangelização digital deve ser reforçada e orientada por uma espiritualidade sinodal e missionária. Caso contrário, a interação e os conteúdos oferecidos pela rede podem aliviar e satisfazer uma necessidade momentânea, mas não conduzem ao encontro com o rosto de Deus encarnado na fraternidade humana, que leva ao compromisso com o mundo que nos rodeia [...] O primado da sinodalidade ajuda-nos a superar a

174 N. BECQUART, *La sinodalità, un cammino di conversione comunitaria,* in La Rivista del Clero Italiano, 5-2021, Vita e pensiero, 2021, p.366.

175 Francisco, Exortação Apostólica *Evangelli Gaudium, n.* 78.

> tendência para uma espiritualidade individualista e para um relativismo prático, que se caracteriza por "agir como se Deus não existisse, decidir como se os pobres não existissem, sonhar como se os outros não existissem, trabalhar como se não existissem aqueles que não receberam a mensagem" (EG 80). [176]

A identidade de um cristão, de um autêntico discípulo-missionário de Jesus Cristo, deve estar sempre baseada numa espiritualidade de comunhão. É necessário viver a conversão pessoal e comunitária e realizar "o trânsito pascal do 'eu' individualista para o 'nós' eclesial, onde cada 'eu' [...] vive e caminha com os irmãos e irmãs como sujeito responsável e ativo na única missão do Povo de Deus. Daí a necessidade de a Igreja se tornar 'a casa e a escola da comunhão'".[177] Como ensinou e desejou o Papa São Paulo II.

> Foi por isso que Jesus enviou os discípulos "dois a dois" (cf. Mc 6,7), para que, caminhando juntos, pudéssemos revelar, também nas redes sociais, o rosto sinodal da Igreja. Este é o sentido profundo da comunhão que une todos os batizados do mundo. Como cristãos, a comunhão faz parte do nosso "DNA". Assim, o Espírito Santo permite-nos abrir o nosso coração aos outros e abraçar a nossa pertença a uma fraternidade universal.[178]

---

176 Aa.Vv., Influenciadores digitais católicos: efeitos e perspectivas, *p.* 403-404. [Tradução minha].

177 COMISSÃO TEOLÓGICA INTERNACIONAL, *Synodality in the Life and Mission of the Church* (2 de março de 2018), n.º 107.

178 Dicastério para a Comunicação, Rumo a uma presença plena, *n.* 76.

## A EVANGELIZAÇÃO DIGITAL COMO SINAL DO TESTEMUNHO CRISTÃO

É evidente que todo o tempo é feito de mudanças. Isso é inerente ao processo natural da história. No entanto, a nossa realidade atual tem elementos que constituem não só mudanças no tempo, mas como uma mudança de tempo. E é nesta realidade concreta que a Igreja deve continuar a realizar a sua vocação evangelizadora, sobretudo a partir de um autêntico testemunho de vida cristã.

O Papa Bergoglio, desde o início do seu pontificado, está bem consciente das possíveis implicações positivas e negativas desta nova era e sabe que a Igreja não pode cair na tentação da nostalgia nos seus vários domínios, sejam eles teológicos, litúrgicos, pastorais ou missionários. Convida toda a Igreja a abandonar de uma vez por todas a mentalidade do "sempre se fez assim" e convida-a a abrir-se a novas possibilidades de encontro, diálogo, partilha e reflexão. Entre as novas oportunidades está, sem dúvida, a cultura digital.

Em 2015, realizou-se em Florença a 5ª Conferência da Igreja Italiana. Nessa ocasião, o Papa Francisco sublinhou que:

> Pode dizer-se que, atualmente, não vivemos tanto numa época de mudança como numa mudança de época. Por isso, as situações que vivemos hoje colocam novos desafios que, por vezes, são até difíceis de compreender. Estes nossos tempos

exigem que vivamos os problemas como desafios e não como obstáculos: o Senhor está ativo e trabalha no mundo.[179]

E esta expressão não é apenas uma frase para impressionar o seu público ou um jogo de palavras. É o reconhecimento inegável de um desafio ao qual a Igreja não pode fechar os olhos. Uma caraterística óbvia desta mudança epocal é o progresso tecnológico, a cultura digital e o impacto direto dos novos meios digitais na vida humana.

Depois de ler o documento "Rumo à presença plena" e decidir fazer uma pesquisa mais aprofundada para escrever sobre este tema da minha tese de conclusão do Curso de Teologia Pastoral na área de Comunicação e Educação — que agora se transforma em livro —, minha primeira pergunta foi qual seria o elemento essencial desta reflexão teológica pastoral que poderia contribuir concretamente para a vida de quem trabalha na evangelização através das redes sociais.

E pude constatar que, dos 82 números do documento, a grande maioria aponta para a necessidade de um autêntico testemunho de vida cristã, bem como para a clara consciência e responsabilidade que o evangelizador digital deve ter ao desenvolver esta missão no ambiente digital.

Essa percepção foi confirmada quando, em 6 de dezembro de 2023, às 9 horas, fui recebido no Dicastério

---

179 Francisco, *discurso no encontro com os representantes da 5ª Conferência Nacional da Igreja Italiana Catedral de Santa Maria del Fiore, Florença,* (10 de novembro de 2015).

para a Comunicação no Vaticano para uma entrevista sobre esse documento com Nataša Govekar, diretora do departamento teológico-pastoral do Dicastério e que esteve envolvida em todas as fases de preparação, compilação, aprovação e publicação do documento.

Govekar reconhece que, infelizmente, o documento ainda não chegou a todos os interlocutores possíveis. No entanto, ela admite a grande importância do conteúdo, que também decorre do pedido de muitos jovens, especialmente aqueles que participaram do sínodo da juventude em 2018, e que já estavam pedindo orientações sobre como evangelizar através das redes sociais. Também dos Bispos que, por ocasião das visitas *ad Limina*, pedem ao Dicastério guias e orientações sobre como gerir a relação entre o clero e as redes sociais.

De toda a informação que recolhi nessa entrevista, uma frase chamou-me a atenção, nomeadamente a que se refere à importância da espiritualidade e do testemunho na vida de quem evangeliza nas redes sociais. Govekar, citando o Papa Francisco, diz

> Não estamos vendendo um produto, estamos comunicando a vida. O próprio conteúdo da fé, a transmissão do Evangelho, não é uma questão de marketing. Isto é muito claro para o Papa Francisco, que uma vez disse a todos nós no Dicastério que o que não devemos fazer é marketing, porque a comunicação é testemunho. E nós sabemos que a palavra testemunho vem de martírio. Portanto, é algo que contém em si a Páscoa e não pode ser subestimado. Jesus enviou dois a dois. Ninguém é

o protagonista da evangelização, porque sabemos que o primeiro protagonista da evangelização é o Espírito Santo. Para não se sentir o único protagonista, é melhor que sejam sempre dois, para mostrar a importância das relações e da comunhão. Não basta ser católico para evitar este risco, porque somos seres humanos suscetíveis de narcisismo [...] no mundo católico isto não faz sentido. A evangelização faz-se através de uma vida transfigurada pela presença de Deus. Como Jesus, o evangelizador digital deve sempre procurar estar em comunhão com o Pai.[180]

Essas palavras mostram que a comunicação eficaz da mensagem evangélica não se faz apenas com competências teóricas e técnicas, mas quando os valores são encarnados na vida cotidiana do comunicador. Se o missionário digital procura uma verdadeira intimidade com Deus na oração e está consciente de que o primeiro protagonista da evangelização é o Espírito Santo, e que a comunhão eclesial e fraterna é importante para a eficácia da missão, será certamente um autêntico evangelizador digital, como indica o documento "Rumo à presença plena".

No desenvolvimento de cada um dos três capítulos que têm como palavras-chave "Conexão, Proximidade e Encontro", a palavra "testemunho" esteve sempre presente como fio condutor que liga esses três critérios necessários à ação evangelizadora nas redes sociais. O autêntico testemunho cristão do missionário digital é algo que não pode ser ignorado. Jesus disse: "Cuidado com os

---

180 Transcrição da gravação áudio efetuada durante a entrevista.

falsos profetas, que vêm até vós vestidos de ovelhas, mas por dentro são lobos devoradores! Pelos seus frutos os reconhecereis". (Mt 7,15-16)

Os frutos da evangelização nas redes sociais não dependem da dimensão do *engagement*[181], do número de *likes* e partilhas dos conteúdos. Não devem ser consequências da lógica do algoritmo, mas devem privilegiar a lógica do Evangelho. Domenico Pompili escreve:

> A testemunha não fala com autoritarismo, mas com autoridade. E não é a autoridade do especialista (baseada no conhecimento técnico e setorial) [...] mas a de quem sabe tornar-se mediador entre a boa nova que tocou a sua vida e as pessoas com quem procura partilhar esta experiência, que lhes diz respeito [...] A testemunha aproxima-se graças à rede, mas deixa a sua "horizontalidade", tornando-se um mediador de níveis, uma ponte entre o finito e o infinito, o particular e o universal, o que está presente e o que ainda está por procurar. É este tipo de autoritarismo que deve ser perseguido

181 *Engagement: É uma* palavra derivada da língua inglesa que é atualmente muito utilizada nas estratégias de marketing digital e de redes sociais. O termo envolvimento é definido como a interação entre o cliente e a marca que tem lugar nas redes sociais. Trata-se basicamente de construir uma relação a longo prazo com os clientes-alvo. O conceito de envolvimento para um influenciador digital é muito relevante. De fato, quanto maior for a visibilidade e o envolvimento alcançados nas redes sociais, maior será o envolvimento da empresa e maiores serão as receitas.

> atualmente, ajudado pelas possibilidades de abordagem que a rede oferece.[182]

Como no caso de uma missão não-digital, o sucesso missionário da paróquia, por exemplo, não se mede pelo grande número de pessoas que frequentam a Igreja local ou pelo grande número de grupos ou atividades pastorais presentes nesse território eclesial. Também não se mede pela capacidade econômica ou administrativa do pároco. O maior indicador do sucesso da missão — mesmo da missão digital — são as vidas salvas e transformadas segundo o evangelho de Jesus Cristo. E isso é impossível se não houver um verdadeiro testemunho cristão. Os evangelizadores digitais devem sempre lembrar-se do que o Mestre disse a todos os seus discípulos: "Porque sem mim nada podeis fazer" (Jo 15,5).

Sergio Lanza, no âmbito da reflexão sobre a qualificação teológica do projeto cultural como perspectiva pastoral, falando de testemunho e de estilos de vida, afirma

> A dinâmica cultural não habita apenas lugares de pensamento. Ela exprime-se, de fato, nas formas concretas de vida, nos modos de comportamento em que a mentalidade se concretiza e a personalidade dos atores sociais toma forma tangível [...] Sublinhar, antes, que na sociedade fragmentada e dispersa, o cristianismo só vive significativamente se souber dar forma a estilos

182 D.Pompili, *Da "Parabole mediatiche" a "Testimoni digitali" - Come cambiano i territori dell'umano, gli scenari della relazione, l'azione pastorale.* In C.Giaccardi (ed.) *Abitanti della rete - Giovani, relazioni e affetti nell'epoca digitale*, Vita e pensiero, Milão 2010, p. 193.

> de vida vividos com um perfil marcado: não necessariamente contra ponto, mas certamente não homologado à *tendência* cultural de massa.[183]

No dia 24 de abril de 2010, em Roma, o Gabinete das Comunicações Sociais da Conferência Episcopal Italiana organizou uma conferência intitulada "Testemunhas Digitais". Giacomo Ruggeri afirmou que:

> A este respeito, portanto, creio que a escolha do termo testemunho [...] foi intencional. A aceleração dada pela Internet e pelas redes sociais que estavam a surgir como cogumelos suculentos (em 2005 nasceu o YouTube) e pelas plataformas lotadas de meios de comunicação social tinham incitado positivamente a Igreja italiana a dar um passo diferente no que diz respeito à cultura da comunicação: na rede digital temos de ser testemunhas [...] Para confirmar a necessidade de ser testemunhas credíveis e também como crentes no hemisfério digital. [184]

Ao longo da redação deste livro, foram destacadas muitas vezes a importância do testemunho autêntico por parte dos evangelizadores digitais. De fato, todos os influenciadores digitais, pequenos ou grandes, têm a tarefa de testemunhar os valores do Evangelho e de transformar estes ambientes de conexão virtual em autênticos lugares de proximidade e de verdadeiro encontro, em que os

---

183 S. Lanza, *Converting Jonah*, p.86.

184 G. Ruggeri (ed.) *Nel Nome di Internet - Pastorale e discernimento nel digitale*. p. 117-119.

"peregrinos virtuais" se sintam parte integrante de uma comunidade cristã que sabe acolher, respeitar, escutar e criar comunhão. A missão de influenciar é própria de todo o cristão que experimentou verdadeiramente a pessoa de Jesus Cristo.

E é preciso ter consciência de que o testemunho cristão exige intencionalidade, profundidade interior, sensibilidade espiritual e atenção à vida. Testemunhar não significa assumir uma caricatura exterior de alguém muito religioso ou bombardear as redes sociais com mensagens religiosas, discursos proselitistas, rigoristas ou moralistas.

Testemunhar no ambiente digital significa assumir publicamente o próprio batismo, com tudo o que isso implica. Significa ser "mártir", dar a vida por Cristo e pelos irmãos, segundo a lógica do Evangelho. Significa tomar consciência de que a vida de um seguidor de Jesus tem o dever de ser como "fermento na massa", de ser "sal da terra e luz do mundo". Por outras palavras, deve fazer crescer os valores do Evangelho no mundo, ser alguém capaz de iluminar e dar um sabor cristão ao contexto social e eclesial em que se encontra. O autêntico testemunho cristão é viver o que Jesus ensinou quando disse: "Assim brilhe a vossa luz diante dos homens, para que vejam as vossas boas obras e deem glória ao vosso Pai que está nos céus" (Mt 5,16).

# BIBLIOGRAFIA

## O MAGISTÉRIO E OS AUTORES ECLESIÁSTICOS

A Bíblia de Jerusalém, Bolonha, EDB, 2019.

Magistério da Igreja

### a) Magistério dos Concílios

Concílio Ecumênico Vaticano II, Decreto Ad Gentes (7 de dezembro de 1965).

Concílio Ecumênico Vaticano II, Decreto Inter Mirifica (4 de dezembro de 1963).

Concílio Ecumênico Vaticano II, Instrução Pastoral *Communio et Progressio* (23 de maio de 1971).

Concílio Ecumênico Vaticano II, Constituição Pastoral *Gaudium et Spes* (7 de dezembro de 1965).

**b) Magistério dos Papas**

BENTO XVI, Mensagem para o 43º Dia Mundial das Comunicações Sociais, *Novas tecnologias, novas relações. Promover uma cultura do respeito, do diálogo, da amizade* (24 de maio de 2009).

BENTO XVI, Mensagem para o 45º Dia Mundial das Comunicações Sociais, *Verdade, anúncio e autenticidade de vida na era digital* (5 de junho de 2011).

BENTO XVI, Mensagem para o 47º Dia Mundial das Comunicações *Sociais, "Redes sociais: portas da verdade e da fé; novos espaços de evangelização"* (24 de janeiro de 2013).

FRANCISCO, Exortação Apostólica *Evangelii Gaudium* (24 de novembro de 2013).

FRANCISCO, Mensagem para o 48º Dia Mundial das Comunicações Sociais, *A comunicação ao serviço de uma autêntica cultura do encontro* (1 de junho de 2014).

FRANCISCO, *Discurso no encontro com os representantes da 5ª Conferência Nacional da Igreja Italiana Catedral de Santa Maria del Fiore, Florença* (10 de novembro de 2015).

FRANCISCO, Mensagem para o 50º Dia Mundial das Comunicações Sociais — *Comunicação e misericórdia: um encontro fecundo* (24 de janeiro de 2016).

FRANCISCO, Mensagem para o 53º Dia Mundial das Comunicações Sociais, *"Somos membros uns dos outros" (Ef 4,25): das comunidades das redes sociais à comunidade humana* (24 de janeiro de 2019).

FRANCISCO, Exortação Apostólica Pós-Sinodal *Christus Vivit* (25 de março de 2019).

FRANCISCO, *Discurso aos participantes na Assembleia Plenária do Dicastério para a Comunicação,* (23 de setembro de 2019).

FRANCISCO, Carta Encíclica *Fratelli Tutti* sobre a Fraternidade e a Amizade Social (3 de outubro de 2020).

FRANCISCO, Mensagem para o 56º Dia Mundial das Comunicações Sociais, *Escutar com o ouvido do coração* (24 de janeiro de 2022).

FRANCISCO, à escuta do serviço: discursos sobre a vida consagrada. Apresentação do Cardeal João Braz de Aviz e do *ArceBispo José Rodrígues Carballo.* Libreria Editrice Vaticana, Cidade do Vaticano, 2023.

FRANCISCO, mensagem para o 57.º Dia Mundial da Paz. *Inteligência artificial e paz* (1 de janeiro de 2024).

FRANCISCO, Audiência geral, *O primeiro caminho de evangelização: o testemunho* (22 de março de 2023).

JOÃO PAULO II, Lett. enc. *Redemptoris Missio*, 7 de dezembro de 1990.

JOÃO PAULO II, Exortação Apostólica *Evangelli Nuntiandi*, 8 de dezembro de 1975.

JOÃO PAULO II, *Mensagem para o 36º Dia Mundial das Comunicações Sociais "Internet: um novo fórum para o anúncio do Evangelho"* (12 de maio de 2002).

PIO XII, Carta Encíclica *Miranda Prorsus sobre o cinema, a rádio e a televisão* (8 de setembro de 1957).

PAULO VI, Exortação Apostólica *Evangeli Nuntiandi sobre a evangelização no mundo contemporâneo* (8 de dezembro de 1975).

**c) Ensinamentos dos Sínodos dos Bispos**

SYNODO OF BISHOPS, Documento final da 15ª Assembleia Geral Ordinária. *Os jovens, a fé e o discernimento vocacional*, LEV, Cidade do Vaticano 2018.

SECRETARIADO GERAL DO SÍNODO, Relatório sumário da primeira sessão da 16ª.

Assembleia Geral Ordinária do Sínodo dos Bispos, *Uma Igreja Sinodal em Missão* (28.10.2023).

**d) Outros documentos da Igreja**

COMISSÃO TEOLÓGICA INTERNACIONAL, *Synodality in the Life and Mission of the Church* (2 de março de 2018).

DICASTERO PER LA COMUNICAZIONE, *Verso una piena presenza. Reflexão pastoral sobre o envolvimento com os media sociais*, Tipografia Vaticana, Cidade do Vaticano 2023.

CONSELHO PONTIFÍCIO PARA AS COMUNICAÇÕES SOCIAIS, *A Igreja e a Internet* (22 de fevereiro de 2002).

## LITERATURA

AA.VV., *Influenciadores digitais católicos: efeitos e perspectivas*, Paulus, Rio de Janeiro 2024.

ASOLAN P., *A Turquia indutivista. Questioni di Teologia Pastorale,* Il pozzo di Giacobbe, Trapani 2009.

ALESSANDRA T. - ANGELA B., *Parole di prossimità: La comunicazione al servizio dell'uomo*, Edizioni San Paolo, Milão 2021.

AMMENDOLIA F. - PETRICCA R., *Chiesa e pastorale digitale. In uscita verso una società 5.0*, Il pozzo di Giacobbe, Trapani 2023.

BECQUART N., *La synodalità, un cammino di conversione comunitaria,* in La Rivista del Clero Italiano, 5-2021, Vita e pensiero 2021.

BOLZETTA, F., *La Chiesa nel digitale: Strumenti e proposte,* Tau Editrice, Todi (PG) 2022.

CERETTI F. - PADULA M., *Umanità mediale. Teoria social e perspectivas educativas*, ETS, Pisa 2016.

CASTELLS M., *O nascimento da sociedade em rede,* [Tradução Lara Turchet], UBER Paperback, 2014.

Cucci, G., *Paraíso virtual ou infer.net? Riscos e oportunidades da revolução digital,* Àncora editrice, Milão 2015.

CHUL HAN, B., *Sociedade da transparência*, Tradução de Enio Paulo Giachini, Vozes, Petrópoles 2017.

CODELUPPI, V., *Mondo digitale*, Editori (GLF) Laterza, Bari 2022.

CORRADO, V- RIVOLTELLA, C., (Eds.) *Escutar com o ouvido do coração. Comentários à mensagem do Papa Francisco no 56º Dia Mundial das Comunicações Sociais.* Scholè, Editrice Morcelliana, Brescia 2022.

CHUL HAN, B., *The Not Things: How We Stopped Experiencing the Real*, Tradução de Simone Aglan Buttazi, Einaudi, Turim 2023.

EUGENI R., *La condizione postmediale, Media, linguagens e narrativas*, La Scuola, Brescia 2015.

FABRIS A. - MAFFEIS I., *Di terra e di Cielo. Manual de comunicação para seminaristas e animadores*, San Paolo, Milão 2017.

FLORIDI L., *A Quarta Revolução. Como a infosfera está a transformar o mundo,* Cortina, Milão 2017.

FLORIDI L., *The Onlife Manifesto: Being Human in a Hyperconnected Era,* Springer, Londres 2015.

GIACCARDI, C., (ed.) *Abitanti della rete - Giovani, relazioni e affetti nell'epoca digitale*, Vita e pensiero, Milão 2010.

GIACCARDI C., *La comunicazione interculturale nell'era digitale*, Il mulino, Milão 2012.

GUARDINI, R., *Cartas do Lago de Como*, Morcelliana, Brescia 2013.

GRISWOLD, W., *Sociologia da Cultura,* Editrice il Mulino, Bolonha 2022.

GAVRILA, M- PADULA, M., *Il futuro al centro: Bambini e adolescenti nella scena mediale contemporanea*, edição Egea, Milão 2023.

LANZA, S., *Converter Jonas: a pastoral como projeto.* Edições OCD, Roma 2008.

MANZONE, G. - TAIANI, G., (edd.) *Persona e nuove tecnologie.* Série "in Laterani" nº 07, Cidade do Vaticano 2016.

MARINELLI, V., *Socialitude: Communication as proximity,* Collana Strumenti Lateran University press, Cidade do Vaticano 2018.

MORANTE, G., *La trappola della rete: Uso e abuso dei social. Reflexões para educadores.* Série La sfida educativa. Editrice ELLEDICI, Turim 2018.

PADULA, M., (ed.), *La fede comunicata: Riflessioni teologico-pastorali,* Collana Strumenti nº 17, Lateran University Press, Cidade do Vaticano 2013.

PADRINI, P., *Social networks and religious formation: A practical guide,* San Paolo, Milão 2014.

PADULA, M., *Comunica il prossimo tuo: cultura digitale e prasi pastorale,* Paoline, Milão 2020.

PADULA, M., L'ascolto *come opportunità socio-pastorale: Riflessioni a partire dal Messaggio di papa Francesco per la 56ª giornata mondiale delle comunicazioni sociali.* Orientações Pastorais - C.O.P. (Centro de Orientação Pastoral. Dossiê. 5/2022, Mensal, Ano LXX, N 5, maio de 2022.

PERRELLI, G., MIGLIORE, M., *Homo influencer: Leaving a mark in the digital age.* Gribaudo, Milão 2021.

RUGGERI G. (ed.), *Em nome da Internet. Pastorale e discernimento nel digitale*, Il pozzo di Giacobbe, Trapani 2023.

SAINT-EXUPERY A, *O Principezinho,* tradução de A. Bajani, Einaudi, Turim 2015.

SIBILIA, P., *O show do Eu: A intimidade como espetáculo*, Contraponto, Rio de Janeiro 2016.

SBARDELOTTO, M., *E o verbo se fez rede. Religiosidades em reconstrução no ambiente digital,* Paulinas, São Paulo 2017.

SBARDELOTTO, M, Missionários *no Ambiente digital: Em nome de quem?* Coleção Comunicação Pastoral. Aparecida - SP, Editora Santuário, 2024.

VIGANÒ, D., *Connected and Lonely: What online life deprives us of,* EDB, Bolonha 2017.

VIGANÒ D., *L'illusione di un mondo interconnesso: Relazioni sociali e nuove tecnologie, EDB,* Bolonha 2021.

ZANON D., *Igreja e sociedade em rede: impactos para uma cibereclesiologia,* Coleção Ciências sociais, Paulus, São Paulo 2019.

ZANON D., *Panorama Histórico do magistério da Igreja sobre a comunicação,* Coleção Ecclesias Digitalis, Paulus, São Paulo 2021.

## SITOGRAFIA

https://www.cantalamessa.org

https://www.cyberteologia.it

https://www.es.zenit.org

https://www.globoplay.globo.com

https://www.osservatoreromano.va

http://www.vatican.va

https://press.vatican.va

http://www.vaticannews.va

https://wearesocial.com

https://www.youtube.com

**SIGA O AUTOR EM SUAS REDES SOCIAIS:**

@fr.wiltermalveira

/freiwiltermalveira

FreiWilterMalveiraOFMCap

## OUTRAS OBRAS DO AUTOR

### Caminhos de Reconciliação

O livro Caminhos de Reconciliação é uma proposta de reconstrução do ser humano em sua plenitude. É também um aprofundamento espiritual, que possibilitará ao leitor reencontrar a harmonia da própria vida, a partir da reconciliação com Deus, consigo mesmo, com os outros e com a natureza. Dessa maneira, alcançará a Paz que tanto busca. Páginas: 144 • Formato: 14 x 21 cm

### Discipulado dos Imperfeitos

Este livro tem o objetivo de nos introduzir na clara consciência de que apesar de nossas imperfeições, Deus nos ama e nos quer para si. Ele nos chama a viver um discipulado constante seguindo o caminho de seguir a Cristo, sem medo, na alegria e constância da fé. Páginas: 248 • Formato: 14 x 21 cm